Wandern
auf
Sizilien

Caterina Mesina
Nikolaus Groß

Inhalt

A Federico

Bitte schreiben Sie uns, wenn sich etwas geändert hat!
Alle in diesem Buch enthaltenen Angaben wurden von den Autoren nach
bestem Wissen erstellt und von ihnen und dem Verlag mit größtmöglicher
Sorgfalt überprüft. Gleichwohl sind – wie wir im Sinne des Produkthaf-
tungsrechts betonen müssen – inhaltliche Fehler nicht vollständig auszu-
schließen. Daher erfolgen die Angaben ohne jegliche Verpflichtung oder
Garantie des Verlages oder der Autoren. Beide übernehmen keinerlei Ver-
antwortung und Haftung für etwaige inhaltliche Unstimmigkeiten. Wir bit-
ten dafür um Verständnis und werden Korrekturhinweise gerne aufgreifen:
DuMont Reiseverlag, Postfach 10 10 45, 50450 Köln
E-Mail: info@dumontreise.de

Wandern auf Sizilien

Wandersaison

Die beste Wanderzeit für Sizilien sind die Monate März bis Juni sowie September und Oktober. Natürlich kann es auch in den Wintermonaten in Meeresnähe wunderbares Wanderwetter geben, aber das Schlechtwetterrisiko ist zu dieser Jahreszeit relativ hoch. In Hochlagen beginnt die Wandersaison später und endet früher. Bei unsicherer Wetterlage sollte man auf Wanderungen in exponierten Höhenlagen verzichten. Zieht im Verlauf einer Wanderung eine Schlechtwetterfront heran, sollte man die Tour abbrechen und unverzüglich umkehren.

Anspruch

In der Rubrik ›Die Wanderung in Kürze‹ wird jeweils darauf hingewiesen, ob es sich bei der Wanderung um eine einfache (+), eine mittelschwere (++) oder eine anspruchsvolle (+++) Tour handelt.

Zeitangaben

Bitte beachten Sie: Alle in diesem Wanderführer aufgeführten Zeiten verstehen sich als reine Gehzeiten. Rechnen Sie bei der Planung einer Tour sicherheitshalber noch etwa ein Fünftel bis ein Viertel der Zeit hinzu, um Pausen für Rast, Fotografieren, Abstecher oder schlimmstenfalls Verlaufen zu berücksichtigen.

Ausrüstung

Zu einer guten Wanderausrüstung gehören bequeme Wanderschuhe, die festen Halt bieten und eine ausreichend dicke Profilsohle aufweisen. Auch Teleskopstöcke haben sich bewährt, entlasten sie doch bergab die Knie enorm. Bei Bergwanderungen sollte man immer wetterfeste und warme Kleidung im Rucksack haben. Auch wenn das Wetter am Morgen noch so schön ist, kann im Laufe des Tages ein Gewitter aufziehen und in den Bergregionen zu einer merklichen Abkühlung führen. Eine Kopfbedeckung und Sonnencreme mit einem hohen Lichtschutzfaktor sind ebenso wie eine UV-Strahlen absorbierende Sonnenbrille zu empfehlen. Da bei den meisten Wanderungen keine Einkehrmöglichkeit besteht, sollte man sich vor Beginn der Tour mit genügend Proviant ausrüsten. In jedem kleinen Dorf sind im Alimentari oder auf dem Markt Lebensmittel wie Obst, Käse, Brot und auch Getränke zu erstehen. Besonders unter südlicher Sonne benötigt der Körper sehr viel Flüssigkeit. Wasser stillt den Durst noch immer am besten, aber auch Elektrolytgetränke haben sich bewährt. Bei einigen Wanderungen gibt es am Wegesrand Quellen mit sehr gutem Trinkwasser. Tränken mit minderer Wasserqualität weisen Schilder *aqua non potabile* auf.

Karten des Istituto Geografico Militare (I.G.M.) im Maßstab 1:50 000 und 1:25 000 (erhältlich über den Buchhandel) stammen größtenteils aus den 60er Jahren und sind entsprechend veraltet. Neu ist die Ätna-Karte vom Touring Club Italiano (TCI), die bei den Tourismusbüros von Catania sowie am Info-Schalter des Flughafens erhältlich ist. Daneben kann man bei der AAPIT Palermo – Ufficio Valorizzazione - Piazza Casteluovo 34, 90141 Palermo folgende Karten kostenlos anfordern: Cefalù – Madonie. Carta dei Sentieri e del Paesaggio, 1:50 000, 2. Aufl. 2000 (Tour 14-18); Corleone – Bosco della Ficuzza. Carta dei Sentieri e del Paesaggio, 1:50 000 (Tour 19-21); Palermo – Montagna della Conca. Carta dei Sentieri e del Paesaggio, 1:50 000, d'Oro (Tour 22-24).

Wanderkarten

Da Sizilien als Wanderziel noch in den Kinderschuhen steckt, gibt es mit Ausnahme der Naturschutzgebiete des Ätna, Lo Zingaro und einigen Bereichen in den Madonien und den Nébrodi kaum beschilderte Wanderwege. Die topographischen

Öffentliche Verkehrsmittel

Viele Wanderungen lassen sich auch mit öffentlichen Verkehrsmitteln erreichen. Bezüglich der Abfahrtszeiten empfiehlt es sich, unter den entsprechenden Telefonnummern (siehe jeweils ›Die Wanderung in Kürze‹) den aktuellen Fahrplan zu erfragen.

SYMBOLE IN DEN KARTEN

🏠	Gasthaus, Rifugio (bewirtschaftet)	🗿	Denkmal, Monument
🏠	Unterstand, Rifugio (unbewirtschaftet)	⛺	Rastplatz
⛪	Kirche		Grotte, Höhle
	Kapelle		Wasserfall
	Ruine	○	Quelle
	Aussichtsturm		Hervorragender Nadelbaum
	Archäologische Stätte		Hervorragender Laubbaum
			Sendemast

Der rauchende Riese

Der Ätna ist der höchste aktive Vulkan Europas und das mythische Wahrzeichen Siziliens. Wo vor 1 Mio. Jahren noch eine flache Meeresbucht bis tief ins sizilianische Festland reichte, ragt heute der mehr als 3300 m hohe Ätna auf. Durch Hebungsprozesse und beginnenden Vulkanismus entstand im Lauf der letzten 700 000 Jahre ein Gebirgsmassiv mit einer Grundfläche von 1260 km^2 und einem Umfang von 250 km. Mit einem geschätzten Volumen von 500 km^3 erstreckt sich der Ätna, eingebettet zwischen die Flüsse Alcántara im Norden und Simento im Süden, bis an die Ufer des Ionischen Meeres.

Wie kaum ein anderer Vulkan ist er seit Jahrtausenden tätig – im Durchschnitt bricht er alle 5,5 Jahre aus. Als Basaltvulkan weist seine Lava einen relativ geringen Kieselsäureanteil auf (ca. 50 %) und ist daher sehr dünnflüssig. Die in der Lava gebundenen Gase können leichter entweichen, wodurch die explosive Energie reduziert wird. Charakteristisch für diesen Vulkantyp sind die offenen Förderschlote. Ist der ›Lavastand‹ in den Magmakammern unter dem Ätna normal, wird der Innendruck durch anhaltende Rauchentwicklung und Entpuffungen konstant gehalten. Drängt allerdings eine große Menge an Magma aus den Staukammern von unten nach, kommt es zum Ausbruch. Da die Hauptkrater meist nicht ausreichen, um die

Zukunft entgegen.

Wo sich todbringende Lavaströme die Abhänge hinunterwälzen, wächst auf Jahrzehnte kein Halm mehr. Aber hat die Verwitterung erst einmal ihr Werk getan, bricht die lange zurückgedrängte Vegetation mit doppelter und dreifacher Kraft wieder hervor.

Durch seine mediterrane Lage und aufgrund seiner Höhe finden sich am Ätna viele Klimazonen – von der subtropischen Nordafrikas bis zur hochalpinen Zentraleuropas. Auf einer Fahrt von Catania hinauf bis zum Gipfel durchquert man auf 26 km Luftlinie die klimatischen Bedingungen von 48 Breitengraden bzw. legt eine imaginäre Strecke von 5300 km von Süden nach Norden auf der nördlichen Erdhalbkugel zurück. Seine klimatische Vielfalt spiegelt sich in den unterschiedlichsten Vegetationszonen. Agrumenpflanzungen mit Orangen- und Zitronenhainen, Oliven-, Feigen- und Pistazienbäume sowie Getreidefelder und Weinberge reichen bis ca. 1500 m Höhe. Bis ca. 2000 m erstreckt sich die Waldregion mit Kiefern- und Kastanien-, Buchen-, Eichen- und Birkenwäldern sowie mit dem typischen Ätnaginster. Wacholder- und Sauerdornsträucher, Trockengräser, verschiedene Veilchenarten, Flechten und Moose prägen das Landschaftsbild bis auf ca. 2500 m. Jenseits dieser Grenze erstreckt sich eine vegetationslose Lavawüste. Die Gipfelregion ist die meiste Zeit des Jahres mit Schnee bedeckt.

nachdrängenden Magmamengen zu fördern, öffnen sich an den Flanken immer wieder neue Krater. Diese für den Ätna charakteristischen Lateralkrater fördern dann den Hauptteil der Lava.

Beim letzten großen Ausbruch öffnete sich am 17. Juli 2001 unter ohrenbetäubendem Lärm, der selbst im 30 km entfernten Catania die Fensterscheiben klirren ließ, in 2100 m Höhe nahe der Bergstation des Skilifts Sapienza, die sogenannte ›Bocca Duemillecento‹. Über den neuen Schlackenkegel flossen 40 m³ Lava pro Sekunde und zerstörten das Skigebiet Ätna-Süd, die Seilbahn und eine wichtige Verbindungsstraße. Drei Wochen lang, bis der Ätna wieder zum Alltagsbetrieb zurückkehrte, blickte das Städtchen Nicolosi, genau in der Fließrichtung des Lavastroms gelegen, einer höchst ungewissen

Um die Natur- und Landschaftsvielfalt für die Zukunft zu erhalten, wurde der Ätna 1987 zum Naturschutzgebiet erklärt. Es umfaßt heute eine Fläche von 45 000 ha.

Ein Geschenk der Götter: der Olivenbaum

Als es zwischen den olympischen Göttern Athena und Poseidon zum Streit um die Vorherrschaft über Athen gekommen war, ließ Poseidon als Gunstbeweis für die Stadt eine Salzwasserquelle auf der Akropolis entspringen, Athena aber einen Olivenbaum wachsen. Da sich der Olivenbaum als wesentlich nützlicher erwies, wurde Athena die Vorherrschaft zugesprochen.

So verwundert es nicht, daß es die Griechen waren, die den Olivenbaum mit nach Sizilien brachten. Für sie hatten der Baum und seine Früchte eine universelle Bedeutung. Mit Hilfe einer Creme aus Olivenöl hatte Hera ihren späteren Gatten Zeus verführt. Den Siegern der Olympischen Spiele wurde als höchste Auszeichnung ein Olivenzweig aus dem Heiligen Hain überreicht. Olivenöl diente nicht nur als Öl für Speisen, sondern auch für Lampen. Und der Stamm des Olivenbaums konnte dazu dienen, einem gewalttätigen Zyklopen das einzige Auge auszustechen.

Bis in unsere Zeit wird Olivenöl in der Küche noch immer über die Maßen geschätzt. Ebenso sind ganze Oliven in der *caponata* unverzichtbar. Oder sie werden als Vorspeise eingelegt.

Aus der mediterranen Landschaft Siziliens sind Olivenbäume nicht mehr wegzudenken. Immerhin produziert Sizilien 11 % des italienischen Olivenöls und steht mit jährlich 56 000 t national an dritter Stelle. Berühmt ist das mehrfach prämierte Olivenöl aus dem Umland von Selinunte, das aus der Sorte Nocellara del Belice gewonnen wird.

Der Olivenbaum bevorzugt eher magere als fette Böden. Klimatisch findet er in Sizilien ideale Voraussetzungen, allerdings dürfen die Winter nicht zu streng sein, denn bei minus 8 °C stirbt der Baum. In heißen und trockenen Sommern holt er sich die Feuchtigkeit mit seiner meterlangen Pfahlwurzel aus den tieferen Bodenschichten. Seine ledrigen Blätter schützen ihn davor auszutrocknen.

Ertragreich ist der Olivenbaum erst nach einigen Jahren. In den ersten Jahren wird er immer wieder mit Stroh abgedeckt und nach 7 bis 10 Jahren gepfropft oder okuliert. Nach ca. 20 Jahren kann dann für mehrere Generationen mit einer stattlichen Ernte gerechnet werden.

Schlendert man über die bunten Märkte Siziliens, stößt man an allen Ecken auf Oliven, schwarze und grüne. Die Farbe der Früchte hängt lediglich vom Reifegrad ab. Selbst reife Oliven direkt vom Baum zu essen, ist nicht unbedingt ein lukullischer Genuß. Vor dem Verzehr müssen sie mindestens 4 Wochen in einer Öl- oder Salzlake eingelegt werden.

Die Blütezeit des Olivenbaums fällt in die Zeit von Mai bis Juni, wobei die weißen Blüten sehr klein und unscheinbar sind. Die Olivenernte beginnt im November und geht bis in den März hinein. Oliven werden meist nicht von Hand gepflückt, sondern geschlagen. Nur

der geringste Teil wird eingelegt, der Rest wird zu Olivenöl verarbeitet.

Bei der traditionellen Methode werden die Oliven mitsamt Kernen zunächst in Steinmühlen zu einem groben Brei zermahlen. In einer rotierenden Hammermühle wird daraus eine feine Paste gewonnen, die in einem nächsten Arbeitsgang ca. 3 cm dick auf Matten aus Naturfasern oder Nylon aufgetragen wird. In einer Schraubenpresse werden etwa 20 von diesen Matten übereinander gelegt und zusammengedrückt. Aus dieser ersten, kalten Pressung kommt goldfarben das beste Olivenöl. Für eine zweite Pressung wird der Rest der Paste erwärmt und erneut gepreßt. Hierbei entsteht ein leicht grünliches Öl. Der verbliebene Rest wird als Futtermittel genutzt oder zu industriellen Zwecken, z.B. als Seife, weiterverarbeitet.

Für eine gute Qualität ist aber nicht nur die Kaltpressung wichtig, sondern auch der Säureanteil. Das qualitativ beste Öl, *extra vergine,* weist dabei einen Säuregrad von maximal 1 % auf. Von großer Bedeutung ist auch das Herstellungsdatum. Olivenöl wird nicht, wie ein guter Wein, mit jedem Jahr besser – im Gegenteil. Das Olivenöl sollte nicht älter als ein Jahr sein.

Ein kurioser Olivenhain befindet sich bei Sciacca, in dem der Künstler Filippo Bentivegna 50 Jahre lang aus Olivenstämmen und Stein Tausende von Gesichtern und Köpfen geschaffen hat (Castello incantato, ca. 2 km östlich von Sciacca. Öffnungszeiten: April–Sept. Di-So 10–12 und 16–20 Uhr; Okt.–März 9–13 und 15-17 Uhr.

Caponata, Cassata und andere Kleinigkeiten

So abwechslungsreich die Landschaften, so vielseitig ist auch die Küche Siziliens. In ihr vereinen sich verschiedene kulturelle Einflüsse: der orientalische Hang zu süß-sauren Mischungen und üppigen Süßspeisen, die einfache Volksküche, mit wilden Bergkräutern gewürzte Speisen oder Fischgerichte, die verfeinerte Küche des Adels mit ihrer Vorliebe für aufwendige Gerichte, wie die mit Eiern, Schinken, Huhn und Trüffeln gefüllten Maccheroniaufläufe.

Wichtige Zutaten, die aus der sizilianischen Küche heute kaum noch wegzudenken sind, kamen erst im Laufe der Zeit hinzu. Artischocken, Auberginen, Pistazien und Blutorangen wurden von den Arabern eingeführt. Tomaten und Feigenkakteen haben die spanischen Besatzer mitgebracht.

Fast schon ein Nationalgericht ist die *caponata,* eine Vorspeise aus Auberginen, Tomaten, Sellerie, Kapern, Oliven und Sardellen. In den Nébrodi und Madonien fallen die Vorspeisen deftiger aus: Würste, Kuhmilch- und Schafskäse, getrocknete Tomaten oder in Öl eingelegte Waldpilze. Dazu herrlich knuspriges Brot von goldgelber Farbe, das nach orientalischer Tradition mit Sesam oder Fenchel bestreut ist.

Zu den *primi* (erster Gang) zählen natürlich Nudelgerichte. Schließlich ist Sizilien die Urheimat der italienischen Nudel. Schon im 12. Jh. beschreibt der Araber Al-Idrisi die Insel als ein liebliches Land, in dem eine fadenförmige Speise aus Mehl in so großen Mengen hergestellt werde, daß man damit die halbe Welt ernähren könne.

Unendlich sind die Variationen. Eine besondere Gaumenfreude ist die *pasta con le sarde,* die man vor allem in Palermo schätzt: Spaghetti mit Sardinen, Rosinen, Pinienkernen, wildem Fenchel und Safran. Im Osten der Insel hingegen liebt man eher die *pasta con le melanzane,* in Catania auch *pasta alla Norma* genannt, um dem größten Komponisten des Belcanto zu huldigen, dem Catanesen Vincenzo Bellini, der die Oper ›Norma‹ schrieb. Das Gericht wird aus Maccheroni mit Auberginen, Tomaten und Basilikum zubereitet. Darüber wird geriebene *ricotta salata* gestreut. Im Landesinnern, der einstigen Kornkammer Roms, findet man noch das einfache *maccu,* ein Saubohnenmus aus Öl und wilden Fenchelsamen.

Ein beliebter Imbiß sind die *arancine,* in Öl gebackene Reisbällchen mit einer Fleischfüllung, oder die *panelle,* ein mit Kichererbsen gefülltes Schmalzgebäck. Man sollte sich nicht scheuen, an den Garküchen rund um die Märkte von Palermo und Catania haltzumachen und zu kosten.

Dem Fisch kommt eine Vorrangstellung zu. Ein Leckerbissen sind die *sarde a beccafico* – mit Semmelbröseln, Pinienkernen, Sultaninen gefüllte Sardinen, die vor allem in Catania auf der Speisekarte stehen.

Fleischspezialitäten sind hier eher eine Ausnahme. Nicht so in den Bergen der Madonien, Nébrodi und Peloritani, in denen eine ausgedehnte Viehhaltung betrieben wird. Typisch ist der *castrato,* das Fleisch der gerade zehn Monate alten Lämmer. Beliebt sind die *involtini alla siciliana,* eine Kalbsroulade gefüllt mit Semmelbröseln und Pinienkernen, Schinken und Käse, oder die deftige *salsiccia,* Würstchen vom Schwein.

Die berühmtesten Schöpfungen der sizilianischen Küche sind jedoch die Nachspeisen, wie die *cassata,* die man in Deutschland nur als Eis kennt. In Sizilien ist die *cassata* aber eine Schichttorte aus Biskuit und Ricotta mit kandierten Früchten, Schokolade und Zimt oder Vanille. Ursprünglich wurde dieses Dessert zu religiösen Festen oder Hochzeiten gebacken. Es wurde nur von Klosterschwestern hergestellt, die aber durch die Zubereitung dieses Kuchens so beschäftigt waren, daß sie kaum noch Zeit zum Beten fanden, wie manch böse Stimme meinte. In der Mitte des 16. Jh. wurde jedenfalls in der Diözese Mazara del Vallo die Zubereitung der *cassata* in den Klöstern verboten. Weitere süße Verlockungen sind die *cannoli,* mit Ricotta gefüllte Teigröllchen, oder die *pasta reale,* die bunten Marzipanfrüchte.

Da wundert es nicht, daß die Eiscreme auch aus Sizilien stammt. Vermutlich waren es die Araber, die auf die Idee kamen, den Schnee des Ätna zur Kühlung ihrer Fruchtsäfte und Mandelcremes zu nutzen. Der Schnee wurde in eigens dafür geschaffenen Gruben aufbewahrt. Diese *neviere* kann man noch heute in den Bergen entdecken. Zur Verbreitung der Eiscreme, die lange nur ein exklusives Vergnügen war, kam es durch einen Sizilianer: Procopio Coltelli aus Acireale eröffnete 1686 in Paris die erste Eisdiele, das berühmte Café Procope.

Von Heiden, Heiligen und Hexen

Religiöse Feiern und Prozessionen, mittelalterliche Turniere und Reiterspiele, ländliche Feste und farbenprächtige Umzüge – die Sizilianer kennen mehr als nur einen Anlaß zum Feiern. Uralte heidnische Bräuche mischen sich dabei mit religiösen Ritualen, Sakrales mit Profanem. Viele Feste entspringen der bäuerlichen Welt mit ihrem alljährlichen Kreislauf von Wachstum, Gedeihen und Vergehen. In den Madoniendörfern kommt am letzten Tag des Jahres die Vecchia, die Alte, auf einem Esel von den Bergen und verteilt Geschenke an die Kinder. Sie steht für Mutter Erde, die ihren Lebenslauf beendet, während die Geschenke Samen symbolisieren, aus denen im neuen Jahr junges Leben erwächst. In den Städten fällt dieser Brauch längst auf den christlichen Dreikönigstag, von den Kindern freudig *Befana* – die gute Hexe – genannt.

Ein wahres Feuerwerk an Festen und Riten entzündet sich überall auf der Insel vor allem in der Karwoche. Keine folkloristischen Darbietungen, sondern tief empfundene, aus einer langen Tradition schöpfende Feierlichkeiten. Monatelang haben sich ganze Dorfgemeinschaften, Bruderschaften und Zünfte auf die *Settimana Santa* vorbereitet, die tief von der Zeit der spanischen Herrschaft geprägt ist. Dramatisch und bewegend sind die Prozessionen vor allem in Marsala, Caltanissetta und Trapani. In Trapani dauern die *Misteri* von Karfreitag bis zum Morgengrauen des Ostersamstag. Männer mit roten und weißen Kapuzen schleppen unter dem Klang schwermütiger Melodien die 20 bis zu 1 t schweren Figurengruppen, die Leben und Tod Christi darstellen. Die Gruppe der Geißelung wird von den Maurern und Steinmetzen getragen, die der Fußwaschung Petri von den Fischern, und die der Gefangennahme Jesu obliegt den Goldschmieden.

Im Laufe des Jahres kommen unzählige Heiligenfeste hinzu. Fast jedes Dorf kann dabei auf einen eigenen Stadtpatron verweisen. Eine besondere Verehrung genießen aber die drei heiligen Frauen von Syrakus, Catania und Palermo. Agata, Schutzpatronin von Catania, die sich dem Werben eines heidnischen Römers widersetzte, gilt als die Vulkanheilige von Sizilien. Ihr jungfräulicher Schleier hatte einst einen Lavastrom zum Stehen gebracht. Die Catanesen danken ihr alljährlich mit einem dreitägigen Fest (3.–5. Feb.). Unter den Rufen ›Viva Sant'Agata‹ werden die kostbaren Reliquien dann durch die Stadtteile getragen. Der byzantinische General Maniakes hatte sie 1040 geraubt. Als diese 86 Jahre später an einem Augustmorgen in die Stadt zurückkamen, strömten die Menschen noch in ihren Nachtgewändern aus ihren Häusern. So tragen die Männer während der feierlichen Prozessionen noch heute weiße Kittel und schwarze Kappen.

Maniakes vergriff sich auch an den Reliquien der hl. Lucia, der Stadtheiligen von Syrakus. Er brachte sie nach Konstantinopel, wo sie wiederum 1240 von den Venezianern geraubt wurden. Doch durch Schenkungen der venezianischen Kirche sind Fragmente einiger Rippen und des linken Arms inzwischen wieder zurückgekehrt. Zweimal im Jahr wird die hl. Lucia zu Ehren gefeiert – am ersten Sonntag im Mai in Erinnerung an ein Kornwunder während einer Hungersnot und am 13. Dezember. Es ist sicher kein Zufall, daß der Festtag der Lichtheiligen auf diesen Tag fiel, der noch vor der gregorianischen Kalenderreform die Wintersonnenwende markierte.

Rosalia, die Stadtpatronin Palermos, ist die jüngste unter den drei Heiligen. Im Jahre 1130 als Tochter eines Grafen geboren, wuchs sie am Hof des Normannen Wilhelm I. auf. Ob sie des intrigenreichen Lebens am Hofe überdrüssig war oder einer Zweckheirat entgehen wollte, jedenfalls verließ sie schon in frühen Jahren den königlichen Hof von Palermo und führte in einer Karstgrotte auf dem Monte Pellegrino ein Eremitenleben, bis sie am 4. September 1166 verstarb.

Als im Jahre 1624 in Palermo die Pest wütete, erschien Rosalia zwei Hirten und führte diese zu ihrer Grotte, in der man ein weibliches Skelett fand. Die Gebeine wurden in einer feierlichen Prozession durch die Stadt getragen, und siehe da, die Pest verebbte. Palermo mußte fortan nicht mehr hinter Catania oder Syrakus zurückstehen und hatte jetzt eine eigene Stadtpatronin, sogar mit einem eigenen Pilgerberg – dem Monte Pellegrino.

Vom 9.–15. Juli dauert das Rosalienfest. Höhepunkt des *u fistinu*, wie die Palermitaner das Fest nennen, ist die feierliche Prozession am 15. Juli.

Zwischen Feuer und Eis

Durch den Kiefernwald von Ragabo zum Monte Nero

Im Kiefernwald von Ragabo scheint der Ätna sehr fern zu sein, fast könnte man ihn vergessen. Aber eindrucksvoll bringt er sich in Erinnerung. Lavaformationen und vulkanische Grotten haben hier eine für Kontinentaleuropa einzigartige Landschaft geschaffen.

DIE WANDERUNG IN KÜRZE

++
Anspruch

Charakter: Mittelschwere Rundwanderung auf Forstwegen und Pfaden; die Variante zur Grotta del Gelo erfordert Trittsicherheit.

5 Std.
Gehzeit

Markierung: Rote Pfeile, Hinweisschilder, Steinmännchen

16 km
Länge

Ausrüstung: Taschenlampe, Wasser

Wanderkarte: Etna (TCI) 1:50 000

Einkehrmöglichkeit: Rifugio Ragabo, Piano Provenzana

Anfahrt: Mit dem Auto ab Linguaglossa Richtung Piano Provenzana, nach 14 km taucht auf der linken Seite das Rifugio Ragabo auf (Parkmöglichkeit). **Mit dem Bus** ab Linguaglossa nur im Sommer.

Information: Pro Loco Linguaglossa, Piazza Annunziata 5, Tel./Fax 095 64 30 94

Gegenüber vom **Rifugio Ragabo** beginnt ein Waldweg, der hinter dem Rifugio Brunek in die schattige Pineta von Ragabo führt. Dieser wegen seiner frischen Bergluft beliebte Kiefernwald diente in der Vergangenheit vor allem der Holz- und Harzgewinnung. An einigen Baumstämmen kann man noch heute die Einkerbungen im Fischgrätenmuster erkennen, durch die man bis Anfang der 60er Jahre das wertvolle Naturharz gewann.

Auf dem Hauptweg vorbei an der Caserma Forestale Pitarrone, passieren wir eine Durchfahrsperre. Unter Schwarzkiefern, Rotbuchen, Flaum- und Zerreichen gedeihen Stechwacholder, Ginster und Farne. Die üppige Vegetation wird aber im-

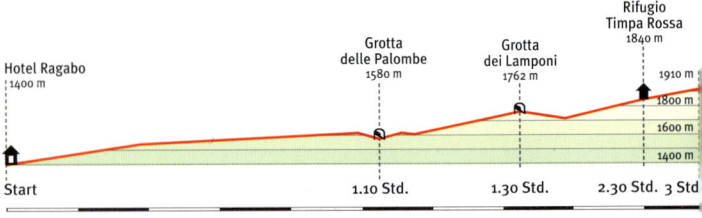

Hotel Ragabo
1400 m

Grotta delle Palombe
1580 m

Grotta dei Lamponi
1762 m

Rifugio Timpa Rossa
1840 m

1910 m
1800 m
1600 m
1400 m

Start   1.10 Std.   1.30 Std.   2.30 Std.   3 Std

o

mer wieder durch Lavaströme unterbrochen; hier durch einen aus dem Jahre 1923, der weite Teile des Mischwaldes und einige Häuser von Linguaglossa zerstörte. Zur Rechten öffnet sich ein großartiger Ausblick: Weit unten liegen die Orte Castiglione di Sicilia und Linguaglossa, in der Ferne das Ionische Meer, an der Küste – winzig klein – die Städte Castelmola und Taormina, links daneben die Berge der Peloritani mit der sehr markanten Bergspitze der Rocca di Novara und jenseits des Ionischen Meeres das Küstengebirge von Kalabrien. Ein Lavastrom, den man kurz darauf erreicht, ergoß sich 1911 über die Weinberge und Baumkulturen westlich von Linguaglossa. Wie so oft war es ein Lateralausbruch, bei dem die Lava aus über hundert Kratern strömte.

An einer Weggabelung (1 Std.) weisen Holzwegweiser links zur Grotta del Gelo und zum Monte Spagnolo. Wir aber folgen dem rechten Hinweisschild bergab durch dichten Kiefern- und Eichenwald zur **Grotta delle Palombe** (Taubengrotte – nicht zu besichtigen). Einige Holzbänke und -tische laden zu einem Picknick ein. Bei der Grotte steht auch ein Häuschen mit einem Gemüsegarten und Brunnen. An diesem links vorbei, erreichen wir nach wenigen Schritten eine Kreuzung, an der wir uns nach links wenden. Auf steil ansteigendem Weg kommen wir wieder zum Hauptweg, dem man Richtung Monte Spagnolo und Grotta del Gelo nach rechts folgt. Aus dem Wald heraus, öffnet sich der Blick auf die Abhänge des Ätna, deren dichter Bewuchs immer wieder durch schwarze Lavabänder zerschnitten ist. Der Weg führt jetzt durch den Lavastrom von 1947, der in bizarren Formen erstarrte. Nicht blasige Lavabrocken wie bisher, sondern gewellte oder seilartig gedrehte Lavaformen bestimmen das Landschaftsbild. Treffend spricht man hier auch von Seil- oder Stricklava.

An einer Kreuzung (1.45 Std.) mitten in dieser einmaligen Landschaft weist ein Schild nach rechts zum Monte Spagnolo, ein anderes links zum Monte Nero. Bevor wir dem Weg nach links folgen, lohnt ein Abstecher über einen Trampelpfad geradeaus zu zahlreichen interessanten Lavagrotten. Jetzt sollte man stets die Markierungen (rote Pfeile, gelbe Zahlen und Steinmännchen) im Auge behalten. Auf schmalem Pfad bergauf erreichen wir die **Grotta dei Lamponi**. Der Name rührt von den Himbeersträuchern, die früher am Eingang der Grotte wuchsen. Mit größter Vorsicht und einer Taschenlampe ausgerüstet, kann man den Grottenverlauf erkunden. Vor allem am Eingang sind Kletterkünste gefragt. Bei der Grotte handelt es sich um einen beim Ausbruch von 1614 entstandenen unterirdischen Kanal,

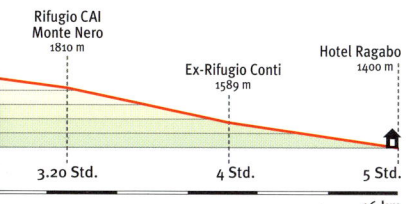

Rifugio CAI
Monte Nero
1810 m

Ex-Rifugio Conti
1589 m

Hotel Ragabo
1400 m

3.20 Std.　　　4 Std.　　　5 Std.

16 km

der sich, ca. 3 m hoch und 5 m breit, auf einer Länge von fast einem Kilometer unter der Lava erstreckt.

Nach diesem Abstecher in die Unterwelt setzen wir die Wanderung links des Grotteneingangs fort. Auf dem rot markierten Pfad erreichen wir nach ca. 200 m (bei einem kahlen Baumstamm) den Eingang zur **Grotta del Labirinto** (1750 m). Der Zugang ist unproblematisch, im Inneren aber sollte man Vorsicht walten lassen! Extrem verzweigt, macht die Grotte ihrem Namen alle Ehre.

Variante: Wer möchte, kann die Wanderung noch bis zur Grotta del Gelo fortsetzen (weitere 3.30 Std.). Hin- und Rückweg sind identisch und beschwerlich.

Von Steinmännchen, gelben Zahlen und roten Pfeilen geleitet, erreichen wir von der Grotta del Labirinto nach 30 Min. auf teils steilem Weg die **Grotta Spina**. Weiter bergauf, wandern wir über den spektakulären **Passo dei Dammusi**. Er entstand während der Ausbrüche von 1614 bis 1624.

Nach weiteren 20 Min. kommen wir in einen vom Lavastrom umflossenen ›Paradiesgarten‹: Wiesen, Buchenwäldchen und Stechwacholder. Immer häufiger wechseln jetzt Vegetationsinseln und Lavafelder. Den Markierungen folgend, verläuft der Weg jetzt immer wieder in bis zu 1 m breiten Rinnen. In einer Höhe von 2100 m treffen wir auf die **Grotta d'Aci** (1.45 Std.). Diese läßt sich nur mit bester speleologischer Ausrüstung erforschen. Über Lavaplatten leicht nach rechts führt der Weg durch ein Gebiet, das beim Ausbruch von 1981 mit Sand bedeckt wurde, zur **Grotta del Gelo** (2030 m; 2 Std.). Entstanden während der Ausbrüche von 1614 bis 1624, ist sie die einzige

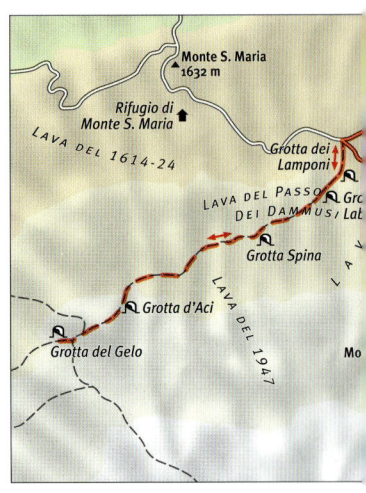

Grotte im Mittelmeerraum, die einen fossilen Gletscher aufweist.

Sie darf nur mit einem Bergführer betreten werden (Gruppo Guide Etna Sud, Tel. 09 57 91 47 55. Führungen in italienisch und französisch).

Zurück am Tageslicht, kehren wir auf gleichem Pfad bis zur Kreuzung unterhalb der Grotta dei Lamponi zurück und folgen dem nach rechts ansteigenden Weg in Richtung Monte Nero. Der Weg schlängelt sich über Lichtungen und Buchenwälder hoch bis zum **Rifugio Timpa Rossa** (2.30 Std.). Die Schutzhütte ist mit Bänken, einem Ofen und Geschirr ausgestattet, die dem Wanderer zur Verfügung stehen. Von der Schutzhütte aus betrachtet, setzt sich der Weg links vom Brunnen als schmaler Pfad fort. Im Buchenwald fällt er zunächst in östlicher Richtung leicht ab und trifft dann auf einen Lavastrom. Hier nach rechts bergauf setzt sich der Pfad im Lavastrom fort (teils rote Markierungen). An einer Weggabelung nach links nähern wir uns, auf teilweise steilem Weg, immer

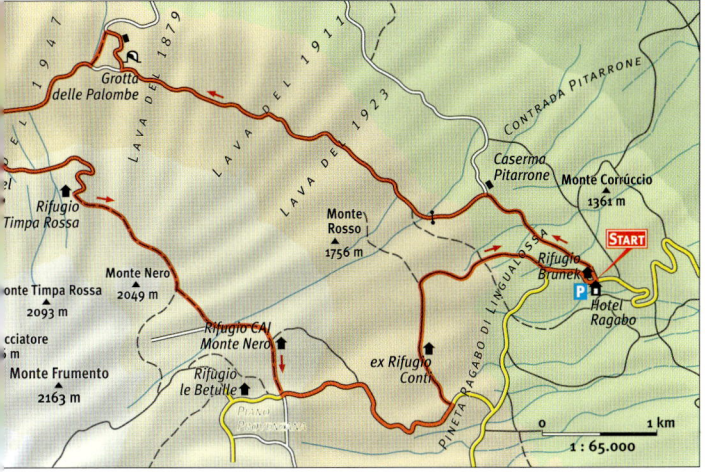

mehr dem **Monte Nero.** Auf einem Sattel halten wir uns links (2.45 Std.) und überqueren direkt unterhalb des Monte Nero eine kleine Ebene, die von einer eindrucksvollen Spalte durchzogen ist. Lava füllte hier eine Geländesenke auf. Beim Erkalten zog sich das Gestein zusammen und zerbarst an der schwächsten Stelle.

Auf einem weiteren Sattel bietet sich am höchsten Punkt der Wanderung ein gewaltiges Panorama. Eindrucksvoller als zuvor, erkennt man in der Ferne das Ionische Meer, die kalabresische Küste, Taormina und Castelmola und weit unten Linguaglossa.

Über die Abhänge des Monte Nero nähern wir uns einer Schafweide, vor der sich ein Lavastrom mit zahlreichen Eruptionskratern erstreckt. Durch vulkanische Aktivität entstand hier ein Erdspalt, aus dem Lava quoll. Krater sind wie auf einer Knopfleiste aufgereiht. An dieser Stelle genießt man einen wunderbaren Blick hinauf zu den Ätnahauptkratern.

Auf der von einzelnen Kiefern und Buchen bestandenen Weide treffen wir auf eine querende Fahrspur, der wir hangabwärts folgen. Zwischen zwei wipfellosen Kiefern hindurch, verlassen wir die ausgedehnte Ebene und kommen in einen Mischwald aus Buchen und Kiefern. Immer auf dem Hauptweg erreichen wir das nicht bewirtschaftete **Rifugio CAI Monte Nero** (3.20 Std.) und bei dem Wegweiser »Rifugio Monte Nero 1810 m« die Asphaltstraße zur Piano Provenzana. Auf dieser nach links bergab, passieren wir einige Minuten später einen betonierten Stromleitungsmast, der mitten in der Straße steht. 1.3 km später zweigen wir eingangs einer Rechtskurve nach links auf einen zunächst basaltgepflasterten Weg ab. An einem der ersten Bäume auf der rechten Seite des abzweigenden Wegs erkennt man noch die Reste des Hinweisschildes Rifugio Conti. Immer auf diesem Weg, kommen wir, vorbei am **ehemaligen Rifugio Conti,** wieder auf eine Asphaltstraße. Hier wenden wir uns nach links und sind kurz darauf an unserem Ausgangspunkt bei dem **Rifugio Ragabo** angelangt (5 Std.).

Erkaltetes Lavafeld

Lavagrotten

Die Lavagrotten des Ätna sind eine für das kontinentale Europa einmalige Erscheinung. Ihre Entstehung basiert auf einem vulkanischen Phänomen: Beim Austritt sucht sich der Lavastrom ein Fließbett. Während die Lavaoberfläche durch die Luft rasch abkühlt und eine Kruste bildet, fließt im Inneren die heiße Lava weiter und bildet so einen unterirdischen Gang.

Am Fuße des Riesen

Vom Naturlehrpfad ›Monte Nero degli Zappini‹ zum Monte De Fiore

Wie dicht Zerstörung und Fruchtbarkeit zusammenliegen, erleben wir an der südlichen Flanke des Ätna. Über verschwenderische Natur und Lavawüsten öffnet sich immer wieder der Blick zum Gipfel.

DIE WANDERUNG IN KÜRZE

++
Anspruch

6 Std.
Gehzeit

19 km
Länge

Charakter: Lange Rundwanderung über befestigte Wege und Trampelpfade

Markierung: Im ersten Abschnitt ›SN‹ (Sentiero natura); später teilweise 1.2

Wanderkarte: Etna (TCI) 1:50 000

Einkehrmöglichkeiten: Keine

Anfahrt: Mit dem Auto von Nicolosi Richtung Etna/Rifugio Sapienza biegt man nach ca. 15 km links zum ›Grande Albergo del Parco‹ ab. Beim Felsen ›Parco dell'Etna‹, ca. 100 m weiter,

parkt man. **Mit dem Bus** erreicht man von Catania (Abfahrt tgl. 8.15 Uhr) und Nicolosi (Abfahrt 9 u. 12.30 Uhr) in ca. 20 Min. die Abzweigung zum ›Grande Albergo del Parco‹ – Busfahrer ansprechen! Einzige Rückfahrt ist um 16.30 Uhr ab Rifugio Sapienza. Info A.S.T. Catania:Tel. 09 57 23 05 11.

Information: Parco dell' Etna, Via Etnea 107A, 95030 Nicolosi (CT), Tel. 095 91 45 88, Fax 095 91 47 38, www.parcoetna.ct.it

Beim **Felsen ›Parco dell'Etna‹** beginnt ein Schotterweg, der über eine ausgedehnte Ebene führt. Rechts geht der Blick hinauf zum rauchenden Gipfel des Ätna. Deutlich erkennt man die jüngsten Lavaströme, deren schwarze Zungen einen interessanten Kontrast mit der im Frühjahr grünen, sonst gelben Vegetation bilden. Hinter einer aus Bruchsteinen gemauerten Durchfahrsperre, treffen wir auf einen breiteren Weg, dem wir nach links folgen, um gleich bei der ersten Möglichkeit nach rechts abzubiegen (5 Min.). Bei einem großen Berberitzenstrauch ist

der Beobachtungspunkt Nr. 1 ›La sciara dello Zappino‹. Diese Lava entströmte 1985 dem weiter oben sichtbaren Monte Nero degli Zappini. Alles, was ihr im Wege stand, wurde vernichtet – fast alles, wie wir 500 m weiter sehen. Mitten in dem noch jungen Lavastrom entdeckt man einzelne Vegetationsinseln (Punkt 2). Lava fließt nicht wie Wasser, sondern folgt ihren eigenen Gesetzen. Immer wieder treffen wir daher auf Stellen, die – obwohl tiefer gelegen als ihre Umgebung – nicht überflossen wurden. Neben einem facettenreichen Farbenspiel beeindruckt vor allem die unglaubliche Stille. Mit jedem Schritt nach oben wird der rötlich gefärbte Eruptionskegel des Monte Nero degli Zappini deutlicher. Zum ›Il Conetto‹ (Punkt 3), einem Nebenkrater, zweigt ein Trampelpfad nach links ab. Der Krater brach zur Talseite hin auf und gab seine zerstörerischen Fluten frei. Entlang der Grenze zwischen Lava und üppiger Vegetation, vorbei an einem links abzweigenden Pfad, erreichen wir ›Il Cannone‹ (Punkt 4; 45 Min.). Unter einer Kiefer liegt ein ca. 4 m langer, karbonisierter Baumstamm. Der Stamm existiert längst nicht mehr, aber die ›Lavahülle‹ blieb erhalten. Unmittelbar darauf halten wir uns rechts und genießen den schönen Blick auf ein kleines *ovile* (Punkt 5). Buchen säumen unseren Weg, nichts Ungewöhnliches für den Ätna, der die höchstgelegene Buchenvegetation Europas aufweist (Punkt 6). Bis zu Höhen von fast 2250 m treffen wir an den Ätnahängen auf ausgedehnte Buchenwälder. Über einen Bachlauf und ein hölzernes Gatter kommen wir zum **Sentiero dei pastori** – dem Schäferweg (Punkt 7). Wir befinden uns in intensiv genutztem Weidegebiet. Hier gedeihen vor allem Wacholder und die für das Ätnagebiet typischen Tragantbüsche. Während unsere Wanderung durch die fruchtbaren und dichtbewachsenen Niederungen des Ätna führt, sieht man weit oben die schwarze, karge Lavalandschaft der Gipfelregion. Vorbei an

einem Schild des Sentiero natura, gelangen wir auf eine von Kiefern, Ginster, Hagebuttensträuchern und Wacholder umstandene Lichtung (Punkt 8). Der Ginster gehört zu den ersten Pflanzen, die auf einem Lavastrom wieder gedeihen. Mit seinen Wurzeln sprengt er das Gestein und schafft so die Basis für die Ansiedlung weiterer Pflanzen.

In dem immer dichter werdenden Wald sehen wir unter alten, mächtigen Kiefern Hunderte von jungen Trieben heranwachsen (Punkt 9). Möglich ist diese selbständige Verjüngung des Waldes, weil man das Weidevieh aus dem Wald ausgeschlossen hat und somit das Abfressen der Jungpflanzen verhindert wird. Oben schräg abgeschnittene Holzpfosten, mit den Buchstaben SN für **Sentiero natura,** markieren den Wegverlauf. An einer Abzweigung geradeaus weiter (1 Std.), verlassen wir den links abknickenden Sentiero natura. Augenblicke später treffen wir auf einen Forstweg, dem wir nach rechts folgen.

An jetzt kurz aufeinanderfolgenden Kreuzungen weisen uns die **Hinweisschilder 1.2** den Weg. Durch allmählich lichteren Wald treffen wir nach 1.45 Std. auf einen breiteren Weg, den wir nach rechts einschlagen (links führt der Weg nach S. G. Gualberto). In einem Lavafeld öffnet sich der Ausblick hinunter auf die fruchtbaren Anbauflächen im Umland des Städtchens Adrano. Wieder im Bereich dichterer Vegetation,

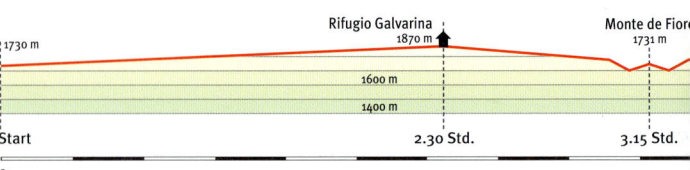

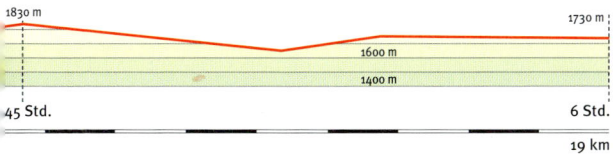

passieren wir den auf linker Seite liegenden Eruptionskrater des Monte Vituddi (1878 m). Vorbei am **Rifugio Galvarina** (2.30 Std.; Picknickmöglichkeit), gelangen wir an eine Weggabelung, an der wir uns auf dem links leicht abfallenden Weg halten. An einer weiteren Verzweigung wenden wir uns nach rechts (auf dem Rückweg werden wir bis an diese Stelle zurückkehren und dann den hier im spitzen Winkel links abzweigenden Weg einschlagen) und wandern auf die Kegel des Monte Rosso (1876 m; links) und des Monte Capre (1880 m; rechts) zu. 10 Min. spä-

Vegetationsinsel am Ätna

ter verlassen wir den nach links abfallenden Hauptweg und folgen dem
Nebenweg geradeaus. An der unmittelbar folgenden Durchfahrsperre vorbei, hält man sich bei der nächsten Möglichkeit links (rechts
kommt man zum Monte Palestra). In
der Senke zwischen Monte Rosso
und Monte Capre weist uns das
Schild ›Monte De Fiore, Eruptione
dell' 1974, 1 km‹ den Weg nach links.
Ein schmaler Pfad führt, vorbei an
Kiefern, Ginster und Stechwacholder, auf eine Lichtung mit feinem Lavasand, von der man talwärts den
Eruptionskegel des **Monte De Fiore**
sieht. Über einen Trampelpfad im Lavasand erklimmen wir diesen 1974

entstandenen Seitenkrater (3.15
Std.). Ein idealer Platz für eine Rast.
Mit einem atemberaubenden Blick
auf die Städtchen Adrano und Bron-
te, die fruchtbaren Ebenen am Fuße
des Ätna und die Gebirgszüge der
Nébrodi in der Ferne, schmeckt die
Brotzeit gleich noch mal so gut.

Zur Verzweigung, die wir nach
dem Rifugio Galvarina erreicht hatten, zurückgekehrt (3.45 Std.), nehmen wir jetzt den rechten Weg (Richtung Monte Albano). Leicht bergab,
durch kargen Bewuchs, immer wieder den Blick hinauf zum rauchenden Ätnagipfel genießend, weitet
sich der Weg zu einem freien Platz
mit einer kleinen bewachsenen Insel

im Zentrum. Hier halten wir uns leicht links. Durch ein Wäldchen, vorbei an der Abzweigung zum Monte Albano, treffen wir auf eine durch das Schild ›Etna riserva integrale zona A‹ markierte Wegverzweigung (4.45 Std.). Auf dem Hauptweg geradeaus weiter, nähern wir uns nun dem Monte Scavo (1918 m). An einer weiteren Kreuzung (5 Std.) nach rechts, treffen wir auf die ersten Schilder mit dem Hinweis ›Ingresso demanio‹. Immer dieser Beschilderung folgend, kommen wir, vorbei am Eingang zum **Giardino Alpino Nuova Gussonea** (Botanischer Garten – Besichtigung nur mit Genehmigung der Universität Catania, Tel.

095 50 23 19) und an der Abzweigung zum Vivaio forestale (Baumschule), an eine weitere Weggabelung. Wir biegen hier links zum ›**Punto di Partenza**‹ (Ausgangspunkt) und ›**Grande Albergo del Parco**‹ ab. Der Wald lichtet sich immer mehr und gibt den Blick auf den Ätnagipfel und die Montagnola frei. Vorbei am geophysikalischen Observatorium, schließt sich an der nächsten Kreuzung unsere Rundwanderung. Wir folgen dem Weg jetzt rechts weiter und kommen zurück zum **Felsen** ›**Parco dell'Etna**‹ (6 Std.).

Die Schmiede des Hephaistos

Zu den Gipfelkratern des Ätna

Unzählige Legenden ranken sich um ihn. Von den Sizilianern wird er fast liebevoll ›Mongibello‹ genannt – der Berg der Berge. Am Gipfel angelangt, versteht man, was die Menschen dazu getrieben hat, den Ätna fast wie einen Gott zu verehren.

DIE WANDERUNG IN KÜRZE

+++
Anspruch

4.30 Std.
Gehzeit

13 km
Länge

Achtung: Nach den großen Ätnaausbrüchen im Juli/ August 2001 ist die Seilbahn teilweise zerstört und auf unbestimmte Zeit nicht zu benutzen. Momentan kann man mit Jeeps vom Rifugio La Sapienza bis auf eine Höhe von ca. 2600 m hinauffahren und in Begleitung von Bergführern einige der jüngsten Eruptivkegel besichtigen. Informationen erhält man bei Sitas, Funivia dell'Etna, Tel. 095 91 11 58. **Die hier beschriebene Wanderung läßt sich in dieser Form vorerst leider nicht mehr durchführen!** (Redatkionsschluß Dezember 2001)

Charakter: Anstrengende Wanderung durch fast ausschließlich schattenloses Gelände. Orientierung bei guter Sicht unproblematisch. Bei schlechtem Wetter sollte man die Wanderung abbrechen.

Wanderkarte: Etna (TCI) 1:50 000

Einkehrmöglichkeiten: Am Rifugio Sapienza

Anfahrt: Mit dem **Auto** von Nicolosi Richtung Etna Sud/Rifugio Sapienza (Seilbahnstation) **Mit dem Bus:** s. Tour 2

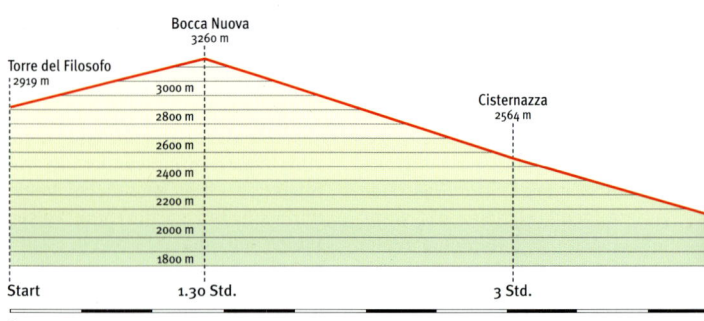

Mit der Seilbahn gondeln wir vom **Rifugio Sapienza** zum **Piccolo Rifugio**. Dort angekommen, steigen wir in die Jeeps, die direkt hinter der Bergstation abfahren. Die Jeeppiste schlängelt sich zunächst vorbei an der alten, 1971 zerstörten Seilbahnstation und führt dann über die Lava von 1983 und 1985 hinauf bis zum **Torre del Filosofo**. Von dort gelangt man über einen steinigen Weg zu einem Aussichtspunkt unterhalb der Hauptkrater. Warnschilder weisen in mehreren Sprachen auf die Gefahren eines aktiven Vulkans hin. Auf einer Schautafel werden sehr anschaulich die verschiedenen Ätnakrater dargestellt. Ein direkter Krateraufstieg ist von diesem Punkt allerdings nicht möglich. Wir kehren also bis zum Torre del Filosofo zurück und folgen dann der Jeeptrasse. Bei der ersten Möglichkeit zweigen wir nach rechts auf eine andere Piste ab (30 Min.). Zunächst noch sehr breit und nur gemächlich ansteigend, verläuft der Weg über feinen Lavasand. Doch schon bald mündet der Weg in einen schmalen Pfad, der sich im Lavagestein abzeichnet. Die letzten 150 Höhenmeter führt er in zahlreichen Serpentinen bis an den **Kraterrand** (1.30 Std.). Allerdings ist der Weg

selbst im Mai noch oft durch Schneereste verdeckt.

Von hier gehen wir den gleichen Weg wieder zurück, bis wir auf die große Jeeppiste treffen, der wir talwärts nach rechts folgen (2.15 Std.). Unter uns liegt das Piccolo Rifugio, überragt von der vegetationslosen Mondlandschaft der tiefschwarzen Montagnola. Bei einem drei Monate andauernden Ausbruch 1763 wurde durch heftigen Schlacken- und Aschewurf die 2644 m hohe Montagnola gebildet.

Einige hundert Höhenmeter tiefer treffen wir auf eine Weggabelung. Während die Piste geradeaus zum Piccolo Rifugio hinunterführt, wählen wir den linken Weg, der uns über weite Aschefelder zum Aussichtspunkt der **Cisternazza** bringt (3 Std.). Vor uns öffnet sich ein einzigartiger Ausblick ins Valle del Bove, das durch den prähistorischen Einsturz eines älteren Vulkans entstand. Viehzucht, die hier einst betrieben wurde, gab dem Tal seinen Namen – das ›Tal des Ochsen‹. Bis vor einigen Jahren war es der schönste Teil des Ätna. Doch im Dezember 1991 hat ein gewaltiger Lavastrom das gesamte Tal verschüttet und anschließend sein Zerstörungswerk in Richtung Zafferana Etnea fortgesetzt. Der Ort entging nur knapp einer Zerstörung.

Entlang des Abbruchs zum Valle del Bove folgen wir einem schmalen Pfad nach rechts. Vor uns sehen wir **La Montagnola**. Auf einem Pfad, der sich über ihre schwarzen Abhänge zieht, queren wir zur anderen Seite. Das Valle del Bove bleibt weiterhin zu unserer Linken. Von diesem Punkt an verläuft die Wanderung durch freies Gelände – man kann allerdings auch bis zur Jeeppiste zurückkehren, dieser nach links bis zum

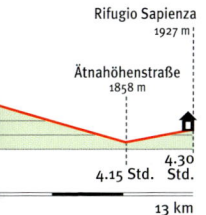

Rifugio Sapienza
1927 m

Ätnahöhenstraße
1858 m

4.30
4.15 Std.   Std.

13 km

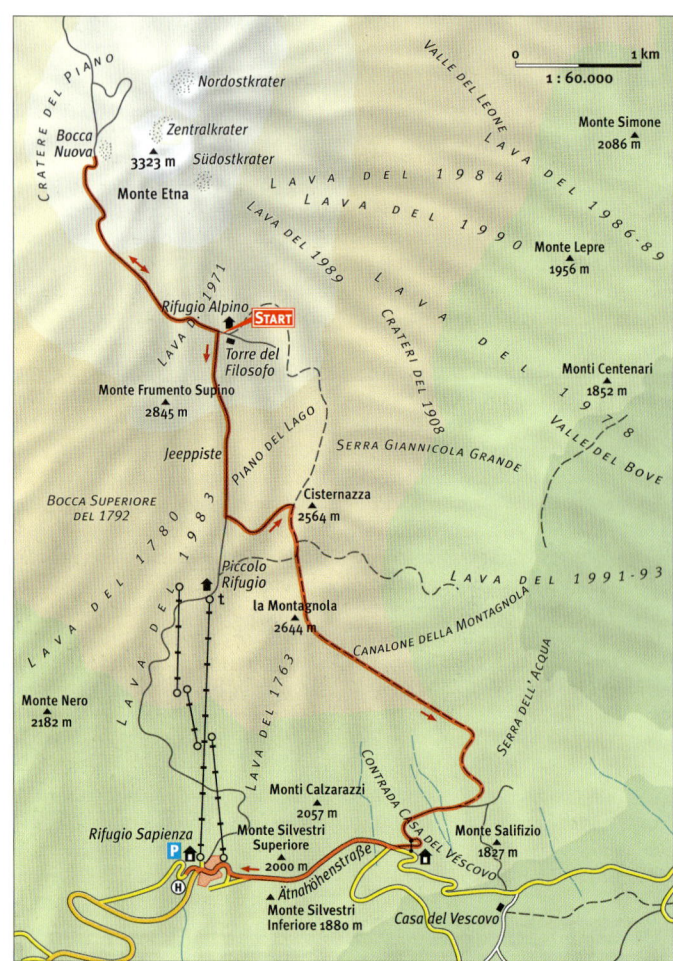

Piccolo Rifugio folgen und dann mit der Seilbahn ins Tal zurückfahren.

Wir aber folgen dem Grat oberhalb des Valle del Bove, bis wir auf eine Gedenktafel stoßen, die uns zur Vorsicht mahnt (3.45 Std.). Nach wenigen Metern wenden wir uns nach rechts und stoßen auf eine mit feinem schwarzen Sand gefüllte Lavarinne. Unterhalb erkennt man deutlich die Ätnahöhenstraße. Nach ca.

15 Min. geht diese Rinne allmählich in einen Pfad über, der sich nach einigen Windungen als deutlicher Weg nach rechts fortsetzt.

Wir passieren ein grünes Eisentor und gelangen wir auf die **Ätnahöhenstraße.** Auf der geteerten Straße halten wir uns rechts und erreichen vorbei an den Monti Silvestri wieder den Ausgangspunkt am **Rifugio Sapienza** (4.30 Std.).

Bocca Nuova

Der Ätnagipfel besteht aus vier großen, aktiven Kratern (Bocca Nuova, Zentral-, Nordost- und Südostkrater). Aktiv kann bedeuten, daß es zu Schlacken- und Lavaauswürfen kommt, aber auch, daß ›lediglich‹ Schwefeldämpfe austreten.

Die von uns besuchte Bocca Nuova entstand durch die Vulkantätigkeiten von 1968 und ist nur durch eine dünne Wand vom Hauptkrater getrennt. Der Blick in die mehrere hundert Meter weite Bocca Nuova (›Neuer Schlund‹) ist sicherlich ein unvergeßliches Erlebnis (Vorsicht, die Ränder hängen über!). An zahlreichen Stellen treten Fumarolen aus. Aber am Kraterrand zu stehen ist nicht nur ein optisches, sondern auch ein akustisches Schauspiel. Wie ein schweratmender Riese klingt das Aufsteigen und Absinken der Lavadämpfe. An klaren Tagen genießt man ein atemberaubendes Panorama. Immerhin überragt der Ätna alle anderen Berge Siziliens um mehr als 1300 m. Der Blick reicht fast über die ganze Insel. Vom Ionischen bis zum Tyrrhenischen Meer, von Catania bis Milazzo: Die Welt liegt uns zu Füßen.

An der Bocca Nuova

Tour 4

Wenn der Ätna Feuer spuckt ...

Von der Hochebene Piano dei Grilli zu den Lateralkratern Monte Arso und Monte Rosso

..., tut er dies nur selten über seine Gipfelschlote, meist bildet er neue Krater an seinen Flanken. Auf unserer Rundwanderung werden wir in einer einmaligen Landschaft einige dieser Krater besuchen.

DIE WANDERUNG IN KÜRZE

++
Anspruch

5 Std.
Gehzeit

19 km
Länge

Charakter: Rundwanderung über Forstwege, mittelschwer durch die Kombination von Länge und Höhenunterschied

Markierung: Hinweisschilder

Wanderkarte: Etna (TCI) 1:50 000

Einkehrmöglichkeiten: Keine

Anfahrt: Mit dem Auto zweigt man kurz vor dem Ortsausgang von Bronte, Richtung Randazzo, rechts zum Ristorante Etrusca ab. Nach 4 km geht die Asphaltstraße in Basaltpflasterung über, die nach weiteren 4 km vor einem Tor des Corpo Forestale endet (Parkmöglichkeit).

Jenseits des Tores des Corpo Forestale folgen wir dem leicht ansteigenden Weg vom **Piano dei Grilli** in Richtung Monte Rúvolo. Rechts liegt der dicht bewachsene Monte Minardo, an dem wir gegen Ende der Wanderung vorbeikommen werden. An einer ersten Abzweigung nach rechts, nähern wir uns dem fast vegetationslosen Lavastrom von 1763.

Die Hinweisschilder zu den Bergen Rúvolo, Arso, Egitto und Rosso weisen uns den Weg nach links (30 Min.). Vorbei an Ginsterbüschen, Kiefern und einzelnen Eichen, nutzen wir die nächste Gelegenheit und biegen nach rechts in die bereits erwähnte Lava aus dem 18. Jh., die wir erst am Fuß des Monte Arso (1515 m) wieder verlassen. Durch ein kleines

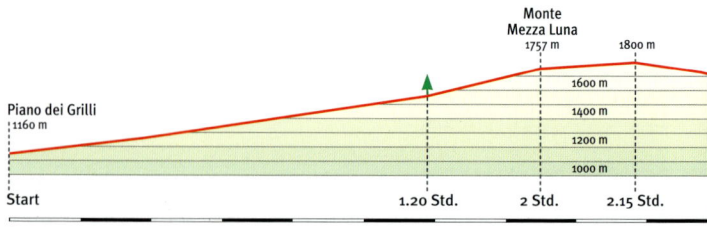

Monte Mezza Luna
1757 m

1800 m

1600 m

Piano dei Grilli
1160 m

1400 m

1200 m

1000 m

Start

1.20 Std.   2 Std.   2.15 Std.

0

*Nest der
Prozessionsspinner*

Wäldchen aus Kiefern, Zitterpappeln, Flaum- und Steineichen beschreibt der Weg einen Linksbogen zwischen Monte Arso (links) und Monte Lepre (1643 m; rechts). Ihre Hänge sind mit Hagebutten, Ginster, Farnen und Kiefern bewachsen.

Bei einer mächtigen **Eiche** gabelt sich der Weg erneut (1.20 Std.). Mit Blick auf den Monte Nuovo, dessen schwarze Kuppe vor uns liegt, halten wir uns rechts. Auf den zum Ätnagipfel ansteigenden Flanken sieht man, wie Lavaströme die dicht bewachsenen Hänge an zahlreichen Stellen durchschnitten haben. Immer auf dem Hauptweg, treffen wir, zunächst durch dichten Bewuchs, später wieder in der Lava von 1763, auf eine **Schutzhütte** aus Lava-

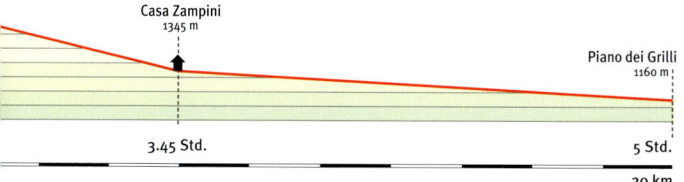

Casa Zampini
1345 m

Piano dei Grilli
1160 m

3.45 Std.

5 Std.

20 km

gestein. Kurz darauf stoßen wir am **Monte Mezza Luna** (1757 m; 2 Std.) auf ein typisches Ätnaphänomen. Hier hatte sich 1763 ein neuer Seitenkrater gebildet, aus dem die Lava austrat, die wir bereits mehrere Male gequert haben. Während die meisten anderen Vulkane die Lava über ihre Hauptkrater fördern, bildet der Ätna immer wieder neue Lateralkrater aus, die dann den Hauptteil der Lava fördern. So entstanden im Laufe von Jahrtausenden mehrere hundert Seitenkrater, die wie Knopfleisten die Ätnahänge zieren.

Wenig später am **Monte Rosso** (›Roter Berg‹) angelangt, wird augenscheinlich, warum er diesen Namen zu Recht trägt. Durch dichten Bewuchs schimmert eine intensive Rotfärbung des Bodens. In der Senke zwischen Monte Capre (1880 m) auf linker und Monte Rosso (1876 m) auf rechter Seite halten wir uns an einer Verzweigung rechts. Vorbei an einigen ausgeschilderten Abzweigungen, folgen wir dem Wegweiser ›Galvarina, Piano Vetore‹. Die Bewaldung lichtet sich und gibt den Blick frei auf die Bergwelt der Nébrodi und die Stadt Adrano am Fuße des Ätna.

Hinter einer Durchfahrsperre treffen wir auf eine Gabelung, der wir nach rechts folgen. Zwischen Kiefern, Ginster und Eschen abwärts, erreichen wir über zahlreiche Windungen die **Abzweigung ›Bivio Monti Nespole‹**. Wir folgen weiter dem Hauptweg (2.30 Std.). Rechts hat man einen wunderschönen Blick auf den Eruptionskegel des Monte De Fiore. Dieser Kegel ist bei einem sogenannten pseudo-lateralen Ausbruch 1974 entstanden. Zuerst bildete sich ein rund 100 m hoher Schweißschlackenkegel, dann wurde hochzähflüssige Lava gefördert,

die einen 1,3 km langen Lavastrom bildete.

Vorbei am Monte Leporello und den Monti Nespole, halten wir uns an den großen Gabelungen jeweils rechts und gelangen schließlich an die **Casa Zampini** (1345 m; 3.45 Std.). Hier nach links kommen wir über ein Gatter in einen ausgedehnten Wald aus Kastanien, Steineichen und Birken. Wieviel Zeit braucht ein Wald, um solch gewaltige Ausmaße anzunehmen? Und wie schnell kann er beim nächsten Ausbruch zerstört sein!

Allmählich lichtet sich der Wald und gibt den Blick frei auf den mit Eichen dicht bewachsenen Monte Minardo. Kurz nachdem auf der linken Seite der Weg von einer Bruchsteinmauer begrenzt wird, biegen wir rechts auf einen schmaleren Weg ab (4.15 Std.). Vorbei an einem Gatter, sehen wir links wieder die Bergwelt der Nébrodi. An der ersten Ga-

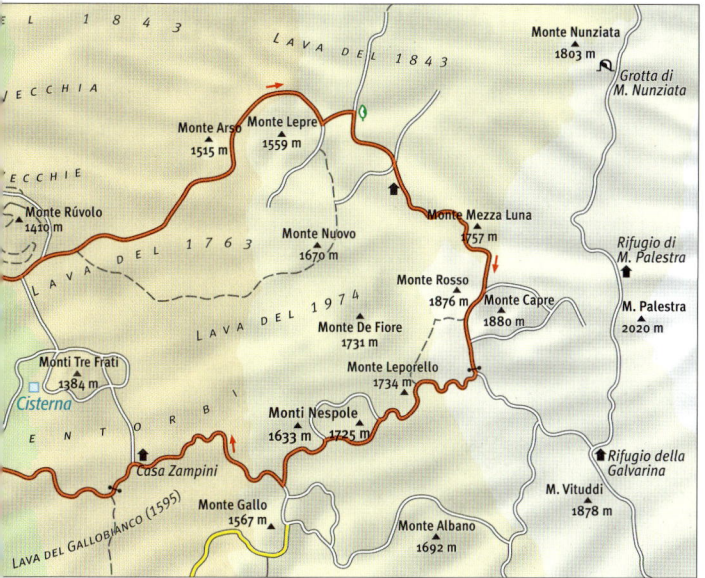

belung geradeaus, an der zweiten nach rechts, verläuft der Weg im Uhrzeigersinn unterhalb des **Monte Minardo.** Vorbei an einem weiteren Gatter, wenden wir uns an der nächsten Weggabelung nach links. Über eine ausgedehnte Ebene, die nur spärlich mit einigen Kiefern und Ginsterbüschen bewachsen ist, kehren wir zum Ausgangspunkt der Wanderung zurück (5 Std.). Rechts bietet sich noch einmal der Blick auf die teils dicht bewachsenen, teils kahlen Seitenkrater und den über allem majestätisch thronenden Ätnagipfel.

misch vorkommen. Während des Winters leben sie in einem Kokon und nähren sich von den Säften der Kiefernnadeln, was häufig zu einer langfristigen Schädigung des Baumes führt. Ihr Name rührt von den endlosen Prozessionen her, in denen sie im Sommer aus ihren Nestern ziehen.

Prozessionsspinner

In den Kiefern sieht man hier zahlreiche Nester der Prozessionsspinner (*Thaumetopea pityocampa*). Es handelt sich hierbei um Schmetterlingslarven, die in weiten Teilen der mediterranen Kiefernwälder endemisch

Wein, Wälder und Lavawüsten

Vom Städtchen Maletto zum Lateralkrater Monte Maletto

Vom fruchtbaren Kulturland zu Füßen des Ätna wandern wir durch dichte Mischwälder hinauf zu den schwarzen, vegetationslosen Lavaschneisen vergangener Jahrzehnte. Immer wieder bieten sich dabei grandiose Ausblicke auf den rauchenden Ätnagipfel.

DIE WANDERUNG IN KÜRZE		
++ Anspruch	**Charakter:** Fast 700 m bergauf und wieder bergab, Streckenwanderung mit kleinem Rundweg überwiegend durch Wälder, über Nebenstraßen, Forstwege und Pfade	**Einkehrmöglichkeiten:** Keine
4.45 Std. Gehzeit		**Anfahrt: Mit dem Auto** ab Bronte auf der S.S. 284 Richtung Randazzo. Nach Kilometerstein 7 zweigen auf der rechten Seite zwei geteerte Nebenstraßen ab. Hier parken.
	Markierung: Vereinzelt Hinweisschilder	
20 km Länge	**Ausrüstung:** Wasser	
	Wanderkarte: Etna (TCI) 1:50 000	

Von den beiden Nebenstraßen, die von der **S.S. 284** abzweigen, folgen wir der ganz rechten, die geradewegs auf den Ätna zuführt. Auf der linken Seite steht ein Häuschen mit einem Eisentor und einer Trauerweide. Durch ausgedehnte Anbauflächen mit Weinstöcken, Olivenbäumen und Gemüsepflanzungen gelangen wir bald darauf an eine Kreuzung, die wir geradeaus überqueren. Der Naturweg verengt sich zu einer hohlen Gasse, die von überwachsenen Trockensteinmauern begrenzt wird. An der nächsten Verzweigung folgen wir dem Hauptweg nach links. Die Trockensteinmauern weichen wieder Weidezäunen, die den Blick auf die fruchtbaren Felder zu Füßen des Vulkans freigeben. Vorbei am Hügel Póggio del Mónaco, gewinnen wir allmählich an Höhe.

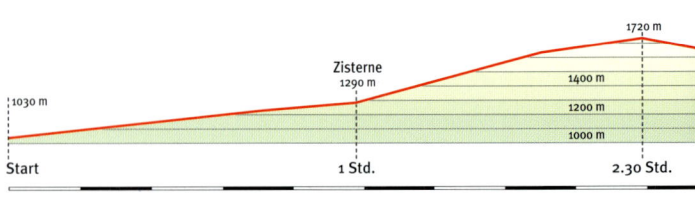

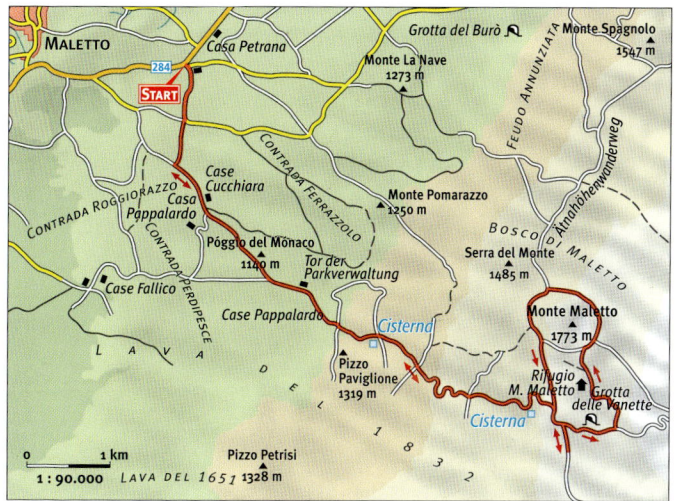

In einem Kastanien- und Eichenwald passieren wir ein rosafarbenes Haus und gelangen an ein Tor der Parkverwaltung. Auf einem kurzen Abschnitt ist der Weg von Mauern aus Lavagestein gefaßt. Weiter durch dichten Wald bringt uns der breite Forstweg zum **Rifugio Forestale Bosco Chiuso** (45 Min.), das allerdings nicht öffentlich zugänglich ist. Immer wieder den Ätnagipfel vor Augen, lassen wir seitlich abzweigende Wege unbeachtet. An einer Kreuzung liegt auf der rechten Seite eine **Zisterne**. Sehr schön erkennt man, wie das Regenwasser zunächst über mehrere kleine Stufen geleitet wird und schließlich durch ein Sieb fließt, um größere Verunreinigungen herauszufiltern, bevor es in einem unterirdischen Reservoir gesammelt wird.

Wir folgen dem weiter ansteigenden Weg geradeaus, der gleich nach der Kreuzung eine Rechtskurve beschreibt. Immer mehr wandelt sich der Laubwald zu einem Mischwald. An vielen Kiefern hängen die Nester der schmarotzenden Prozessionsspinner. Über zwei weitere Kreuzungen hinweg, gelangen wir auf ansteigendem Weg an eine T-Kreuzung (2 Std.). Während die Hinweisschilder nach links zum Monte Maletto, Bosco Nave, Monte Spagnolo und Pitarrone weisen, folgen wir dem

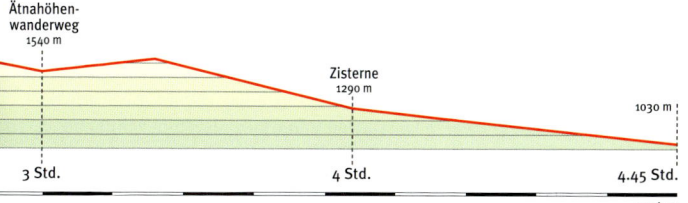

Typische Schutzhütte am Ätna

rechten Weg **Richtung Monte Scavo, Monte Palestra, Galvarina und Piano Vetore.** Eben noch in dichtem Wald, steht man plötzlich am Rand eines gewaltigen Lavafeldes. Von 1975 bis 1977 flossen mächtige Lavaströme die nordwestlichen Hänge des Ätna hinab. In einer Höhe von ca. 2500 m quoll aus wechselnden Schloten 2 m^3 Lava pro Sekunde. Im Laufe von zwei Jahren verwandelte sich einst dichter Wald in eine schwarze Lavawüste.

Mit einem letzten Blick auf den rauchenden Ätnagipfel gehen wir zunächst ein kleines Stück in dem Wald zurück und zweigen auf halber Strecke zwischen dem Lavastrom und der T-Kreuzung nach rechts ab. Auf dem teils überwachsenen Pfad gewinnen wir schnell an Höhe. Bei einem Steinmännchen (2.15 Std.) lohnt sich ein kleiner Abstecher nach links zu einem der vielen Ätnaphänomene. 20 m auf einem Lavawulst entlang, gelangt man zur **Grotta delle Vanette.** Durch den schnellen Abfluß dünnflüssiger Lava im Zentrum des Lavastroms blieb nur der rasch erkaltete Mantel erhalten. Auf diese

Weise entstand ein Kanal mit gut 1 m Höhe.

Wir wandern weiter auf dem ansteigenden Pfad nach oben, bis wir auf einen breiteren Forstweg stoßen, dem wir nach links folgen. Vorbei am **Rifugio Monte Maletto,** halten wir uns an der nächsten Verzweigung und der unmittelbar darauf folgenden jeweils rechts. Gegen den Uhrzeigersinn wandern wir jetzt um den dicht bewachsenen Monte Maletto herum. Immer auf dem Hauptweg lassen wir die jeweils rechts abzweigenden Wege unbeachtet und gelangen so auf den **Ätnahöhenwanderweg** (3 Std.), dem wir nach links folgen. Wieder hat man links den Blick auf den durch einen Lateralausbruch entstandenen Monte Maletto. Vorbei an Abzweigungen auf der linken Seite, stoßen wir auf einem leicht ansteigenden Weg wieder auf die beschilderte T-Kreuzung, die wir vom Hinweg kennen. Hier wenden wir uns nach rechts und kehren auf demselben Weg zum Ausgangspunkt an der **S.S. 284** zurück (4.45 Std.).

Tour 6

Der unberechenbare Ätna

Von Randazzo zum Lavastrom von 1981

Blicken wir von Randazzo zum Ätna, ist es kaum vorstellbar, wie er zur Gefahr werden kann, so friedlich erscheint er. Doch 1981 war es soweit: Die Erde tat sich auf und setzte ihre unheilbringende Glut frei. Nur knapp entging Randazzo einer Zerstörung.

DIE WANDERUNG IN KÜRZE

++
Anspruch

Charakter: Rundwanderung über Forstwege und kurze Lavapfade. Durch teils steile Wegabschnitte, mittelschwer

4 Std.
Gehzeit

Markierung: Teils rot-gelbe Markierungen, Wegweiser

Wanderkarte: Etna (TCI) 1:50 000

13 km
Länge

Einkehrmöglichkeiten: Keine

Anfahrt: Mit dem Auto in Randazzo über die Via S. Salvatore Emanuele, die auf die Panoramastraße stößt (Schild ›Benvenuti nel Parco dell'Etna‹). Richtung Linguaglossa nach links und nach 3 km nach rechts (Schild ›Parco dell'Etna: Benvenuti nel Parco dell'Etna qui la natura è protetta‹). Nach 4 km nach rechts bis zur Durchfahrsperre des Corpo Forestale fahren – Parkmöglichkeit.

Der Weg beginnt unmittelbar hinter dieser Durchfahrsperre, an der sich auch ein **Wächterhäuschen des Corpo Forestale** befindet. An der ersten Kreuzung halten wir uns links und folgen dem Schotterweg stetig bergauf. Bestimmten bisher Adlerfarne das Landschaftsbild, tauchen jetzt immer mehr Ginsterbüsche auf. Vor uns erheben sich einige erloschene, ältere Eruptionskegel des Ätna – links der dunkle Monte Collabasso und rechts der bewaldete Monte S. Maria. An einer Gabelung lassen wir

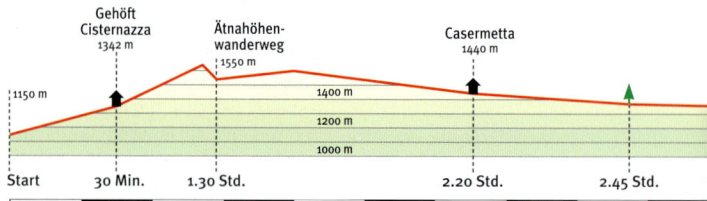

Gehöft Cisternazza 1342 m

Ätnahöhen-wanderweg 1550 m

Casermetta 1440 m

1150 m · 1400 m · 1200 m · 1000 m

Start · 30 Min. · 1.30 Std. · 2.20 Std. · 2.45 Std.

0

uns den kleinen Abstecher nach links zum **Gehöft Cisternazza** (30 Min.) aus dem 19. Jh. nicht entgehen.

Nach diesem Abstecher kehren wir zur Weggabelung zurück und folgen dem Hauptweg links in Richtung Monte S. Maria. Bei der ersten Möglichkeit wieder nach links (der rechte Weg würde direkt zum Rifugio Saletti führen), gelangen wir auf steilerem Weg am Fuß des Monte S. Maria an eine kleine, etwas unscheinbare Abzweigung (50 Min). Wir folgen hier nicht dem breiten Weg, der sich nach rechts wendet, sondern einem schmalen Pfad der scharf links abknickt und kurz darauf durch eine Buchenvegetation führt. Direkt danach wendet er sich nach rechts und hält steiler bergauf, direkt auf den Monte S. Maria zu. Mit Hilfe einer Holzleiter über einen Drahtzaun hin-

weg, kommen wir auf den Sattel zwischen Monte Collabasso (links) und Monte S. Maria (rechts). Ein schmaler Pfad zweigt hier nach rechts ab und quert auf fast gleichbleibender Höhe den **Monte S. Maria.** Eine atemberaubende Aussicht belohnt uns für den anstengenden Aufstieg. Unter uns liegt die Cisternazza, im Tal links Randazzo und etwas rechts davon die Valle dell'Alcántara. In der Ferne links sehen wir die Nébrodi und rechts die Peloritani.

Wenige Minuten später treffen wir auf den querenden, breiten **Ätnahöhenwanderweg,** dem wir nach rechts folgen (1.30 Std.). Durch dichten Mischwald geht es bald leicht bergab. An einigen Stellen sind **rotgelbe Wegmarkierungen** angebracht. Immer wieder wird der Wald von den vegetationslosen Lavaströmen der Jahre 1614–1624 durchbrochen. Über mit Farnen und Stechwacholder bewachsene Lichtungen, vorbei an einem aus Lavagestein aufgeschichteten Unterstand, treffen wir auf eine Abzweigung (Schild ›Riserva integrale Zona A‹). Hier verlassen wir den Hauptweg nach links und stehen nach wenigen Metern im **Lavastrom von 1981.**

Am 17. März 1981 hatte sich in einer Höhe von 2250 m eine Spalte

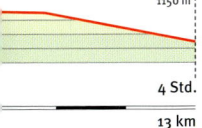

Unterstand aus Lavagestein

aufgetan, aus der über 100 m hohe Lavafontänen schossen. Noch am gleichen Tag waren hangabwärts weitere Spalten entstanden, die unterste in einer Höhe von 1800 m, nahe dem Monte Pomicario. Hier trat ein mächtiger Lavastrom aus, der innerhalb von nur 4 Std. eine Strecke von 5 km zurücklegte und dabei Obstplantagen, Weingärten, einige Bauernhäuser und die Bahnlinie der Circumetnea zerstörte. Drei Tage später kam der Lavastrom auf einer Höhe von 600 m, nur 100 m vor dem Tal der Alcántara, zum Stillstand. Aus einer weiteren Spalte, die sich am 19. März auf einer Höhe von nur 1300 m gebildet hatte, trat ein Lavastrom aus, der kurzzeitig sogar die

Stadt Randazzo bedrohte. Ungewöhnlich war vor allem der Ort des Ausbruchs. Von den ca. 90 genau lokalisierten Ausbrüchen in historischer Zeit fanden nur drei auf dieser Seite des Ätna statt, der letzte 1765.

Mit Blick auf den Monte Spagnolo wandern wir auf schmalem Weg über das Lavafeld. Jenseits davon treffen wir, bereits wieder im Wald, auf eine Weggabelung. Auf dem linken Weg passieren wir zunächst ein Häuschen am rechten Wegesrand und erreichen Augenblicke später die verfallene **Schutzhütte Casermetta** (2.20 Std.) am Fuße des Monte Spagnolo. Über eine Lichtung gelangen wir an eine Gabelung, an der wir uns rechts halten. Der Kiefern-

wir die Lavaschneise und folgen dem Weg geradeaus. Wie mit dem Lineal gezogen, verläuft hier die Grenze zwischen Fruchtbarkeit und Zerstörung.

An einer Abzweigung mit Holzwegweisern halten wir uns links (3.30 Std.). Am Wegesrand stehen vereinzelt Pfirsich- und Kirschbäume. Die Vegetation wird jedoch von Kiefern, Kastanien und Eichen bestimmt. Weiter auf dem Hauptweg bergab, passieren wir ein Gatter und stoßen dann auf die links liegenden **Case Pirao**. Wenige Meter später schließt sich der Kreis. Bei der ersten Kreuzung unserer Wanderung angelangt, halten wir uns links und stehen Augenblicke später wieder am Ausgangspunkt, dem **Wächterhäuschen** (4 Std.).

Die Cisternazza

Umgeben von Ätnaginster liegt das für die Ätnaregion typische Gehöft Cisternazza: zwei Pferdeställe, einige Speichergebäude und eine gut erhaltene Zisterne. Zwar gibt es hier keine Flüsse oder Seen, doch ist der Ätna ein großer Wolkensammler. So sind Zisternen auch am Ätna durchaus sinnvoll.

Eine der größten Anlagen dieser Art ist die 1887 erbaute Cisternazza: 11 m tief, mit einem Durchmesser von 9 m, wird sie von einer höchst interessanten Dachkonstruktion abgeschlossen: Ein einzelner, zentraler Holzpfosten trägt die vier Dachsparren, auf denen das komplette Dach ruht. Während der Herbst- und Wintermonate füllt sich der Speicher bis auf eine Höhe von 9 m. Das Wasser wird dann in die Tränken aus Basaltgestein abgeleitet.

und Lärchenwald wird allmählich lichter und gibt den Blick frei auf die fruchtbaren Ebenen um Randazzo. An einer imposanten **Kiefer** halten wir uns rechts, ebenso wie an einer weiteren Gabelung wenig später.

Der Weg führt auf einen kleinen Sattel zu, der die Grenze zwischen den bewaldeten und unbewaldeten Hängen des Monte Spagnolo bildet. Durch lichte Buchenwälder trifft unser Weg auf eine Gabelung, der wir nach links folgen (3 Std.). Aus dem Wald heraus, gelangen wir wieder in den **Lavastrom von 1981**. Rechts liegt ein talseitig aufgebrochener Eruptionskegel, weit darüber thront im Hintergrund der rauchende Ätnagipfel. Nach wenigen Metern verlassen

Die Ruhe der Nébrodi

Durch Wälder und über Weiden zum Lago Biviere

Wasserreich und fruchtbar zeigen sich die Wälder und Weideflächen um den Lago Biviere. Immer wieder bieten sich grandiose Ausblicke auf den rauchenden Ätna, den grünen Monte Soro und über die zerklüfteten Rocche del Crasto bis auf das Tyrrhenische Meer.

DIE WANDERUNG IN KÜRZE

++
Anspruch

6.15 Std.
Gehzeit

22 km
Länge

Charakter: Mittelschwere, da lange Rundtour, meist auf Kieswegen. Der erste Abschnitt auf Asphalt.

Wanderkarte: TCI, Il Parco dei Nebrodi, Cartaguide Natura, 1:50 000

Einkehrmöglichkeiten: Bar-Trattoria Portella Gazzana, Do geschl.

Anfahrt: Mit dem Auto

fährt man von Galati Mamertino zunächst bis San Basilio und dann weiter bis zur Paßhöhe der Portella Gazzana (Parkmöglichkeit).

Information: Parco dei Nébrodi, Via Ruggero Orlando, 126, 98072 Caronia (Me), Tel. 09 21 33 32 11, www.parks.it/parco. nebrodi

Von der **Portella Gazzana** folgen wir der Asphaltstraße nach Süden. An der nächsten Gabelung halten wir uns links und erreichen die restaurierten **Case Mangalaviti** (1.15 Std.). Ein Brunnen oberhalb der Häuser bietet Trinkwasser. Die Straße geht über in eine Schotterpiste, die jenseits eines Gatters durch den Bosco di Mangalaviti bergan führt. Eichen- und Buchenhaine wechseln sich mit Weideflächen ab. Weiter auf dem Hauptweg passieren wir zahlreiche Wasserläufe, die bei

starken Regenfällen in das Vallone Pistone rechts unterhalb von uns ablaufen und den Torrente Scavioli in einen reißenden Fluß verwandeln.

Über die Paßhöhe der **Portella Scafi** (2.20 Std.) folgen wir der Fahrspur durch ein Gatter. Bergab treffen wir auf eine Forststraße, der wir nach rechts folgen. Stellenweise öffnet sich der Blick auf den bewaldeten Monte Soro, mit 1847 m der höchste Berg der Nébrodi. Im Norden sieht man die zerklüfteten Rocche del Cra-

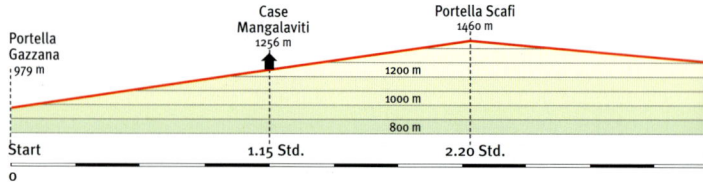

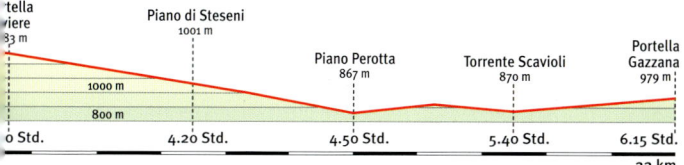

sto. Leicht bergauf gehend, liegt vor uns der Lago Biviere, der sich für eine Rast eignet.

An der **Portella Biviere** (3.30 Std.) folgen wir der in nördlicher Richtung abfallenden Fahrspur. Über Weiden hinweg, passieren wir die Piano Cerasa. Vorbei an zwei rechts abzweigenden Wegen, folgen wir leicht links dem Hauptweg bis zur Piano di Steseni (4.20 Std.). Danach geht es auf dem weiter abfallenden Hauptweg zur **Piano Perotta** (4.50 Std.).

Hier schlängelt sich der Hauptweg nach links talwärts, wir folgen aber dem leicht ansteigenden rechten Weg geradeaus vorbei an den Case Erbazzo. Wir passieren einen Bachlauf und wenden uns an der nächsten Gabelung, die unter einer Stromleitung liegt, nach links auf den abfallenden Weg (5.20 Std.).

Weiter abfallend bis zur Furt durch den **Torrente Scavioli** (5.40 Std.), steigt der Fahrweg danach zur **Portella Gazzana** an (6.15 Std.).

Das Matterhorn Siziliens

Ein Aufstieg auf die Rocca di Novara

Einsam erhebt sich die Rocca di Novara, wegen ihrer Form das Matterhorn Siziliens genannt. Mit 1340 m ist sie einer der höchsten Gipfel der Peloritanischen Berge. Herrlich ist der Blick auf den Ätna, die Liparischen Inseln, die umliegenden Berge und auf Kalabrien.

DIE WANDERUNG IN KÜRZE

++ Anspruch	**Charakter:** Kurze, aber steile An- und Abstiege; für den Gipfelanstieg sollte man trittsicher und schwindelfrei sein.	Novara di Sicilia auf der S.S. 185 ca. 8 km in Richtung Portella Mandrazzi fahren. Beim Kilometerstein 27, kurz vor der Abzweigung nach Fondachelli, das Fahrzeug parken.
2.45 Std. Gehzeit	**Wanderkarte:** IGM Carta d'Italia 1:25 000 262 IV NE (Rocca Novara)	
4 km Länge	**Einkehrmöglichkeiten:** Keine	
	Anfahrt: Mit dem Auto ab	

Direkt nach dem **Kilometerstein 27** steigt links ein breiter Forstweg durch einen schattigen Kastanien- und Eichenwald nach oben. Auf der linken Seite ist der Wald durch einen Zaun begrenzt. Kurz nachdem wir aus dem Wald herausgetreten sind, zweigt rechts ein Weg zu einem Feuerwachturm ab. Wir folgen weiterhin dem Hauptweg, der jetzt zwischen Ginsterbüschen und Macchia-

Vegetation verläuft. Zu unserer Linken sehen wir bereits die blanken Felsen der Rocca di Novara. Rechts fällt unser Blick auf das breite Flußbett des Fantina. Meist ohne Wasser, kann man sich doch sehr gut vorstellen, wie sich im Frühjahr oder bei heftigen Regenfällen tosende Wassermassen in Richtung Meer wälzen. Starke Niederschläge sorgen gerade im weichen Gestein der Peloritani immer wieder für Murenabgänge und verschüttete Straßen.

Auf einem **Sattel** stoßen wir auf eine Verzweigung (45 Min.). Der rechte Weg führt über ein Gatter auf eine Pferdekoppel. Wir aber folgen dem in spitzem Winkel links abzweigenden Weg. An einem Weidezaun wenden wir uns nach links. Steil ragt jetzt vor uns die Rocca di Novara auf. Nach Norden erkennt man in der Ferne die Küste des Tyrrhenischen Meeres und die Landzunge von Tindari mit dem Heiligtum der Schwarzen Madonna.

Kurz vor einem **Strommast** wechseln wir durch ein Loch im Zaun auf die rechte Seite und folgen dem Pfad, der jetzt durch ein wogendes Meer von Farnen in zahlreichen Windungen auf ein Plateau direkt am Fuße der Rocca di Novara führt (1 Std.). Von hier gelangen wir auf einem steilen Serpentinenweg auf die eigentliche Rocca. An manchen Stellen führt der Weg über lockeres Gestein. Es gibt hier auch keine Seilsicherung, man sollte daher beim Aufstieg auf die Rocca di Novara unbedingt größte Vorsicht walten lassen!

Haben wir den schweißtreibenden Anstieg aber erst einmal hinter uns gebracht, genießen wir vom **Gipfel der Rocca di Novara** (1.20 Std.) ein herrliches Panorama: Im Süden erhebt sich rauchend der Ätna, im Westen breitet sich die Gebirgswelt der Nébrodi aus, im Osten reicht der Blick über die Peloritani, das Ionische Meer bis zur kalabresischen Küste mit dem Aspromonte, und im Norden liegt direkt unter uns das Städtchen Novara di Sicilia, dahinter in der Ferne die Tyrrhenische Küste mit der Landzunge von Milazzo und den Liparischen Inseln. Der Gipfel ist auch als Picknickstelle nicht zu verachten. Um zum **Kilometerstein 27** zurückzukehren, wählen wir den gleichen Weg (2.45 Std.).

Die Peloritani

Die Peloritani erstrecken sich längs der Nordküste von Messina bis auf die Höhe von Tindari und werden gegen Süden durch das Ätnamassiv

begrenzt. Geologisch stellen sie die Fortsetzung des kalabresischen Apennins dar. Ohne den Grabenbruch der Straße von Messina würden sich die geologischen Schichten perfekt, wenn auch höhenmäßig etwas versetzt, ineinander fügen.

Charakteristisch für die Peloritani sind zerklüftete Bergmassive, schroffe Berggipfel und breite Flußtäler. Diese *fiumare* entstehen, wenn sich bei starken Regenfällen die Bäche in reißende Ströme verwandeln und die Berghänge hinunterschießen. Das mitgeschwemmte Geröll, das sich zunächst in den Flußtälern ablagert, wird mit der Zeit bis an die Meeresmündungen weitertransportiert, an denen sich Landzungen, wie bei Milazzo, bilden können.

Die einst dichte Bewaldung der Peloritani wich schon früh einer ausgedehnten Terrassenkultur, die allerdings inzwischen unrentabel geworden ist. Mit gezielten Wiederaufforstungen versucht man Erosionsschäden zu vermeiden.

Die Terrasse von Messina

Von Rometta zum Wallfahrtsheiligtum auf dem Dinnammare

Von Rometta, einem sizilianischen Bergdorf mit einer byzantinischen Kirche, führt der Weg durch junge Kastanienwälder zum Monte Dinnammare. Von dort genießt man eine einzigartige Aussicht auf die Meerenge von Messina und die Liparischen Inseln.

DIE WANDERUNG IN KÜRZE

++

Anspruch

6.15 Std.

Gehzeit

15 km

Länge

Charakter: Aufgrund der Länge und der Höhenunterschiede mittelschwere Rundwanderung über Forst- und Waldwege. Teilweise ist die Orientierung nicht einfach.

Wanderkarten: IGM Carta d'Italia 1:25 000, 253 II NE (S. Pier Niceto); IGM Carta d'Italia 1:25 000 254 III NO (S. Stefano di Briga)

Einkehrmöglichkeiten: Keine

Anfahrt: Mit dem Auto die Nordküste entlangfahren, zwischen Messina und Milazzo, auf der Höhe von Cármine in Richtung Rometta abzweigen. Der Beschilderung nach Gimello folgen. 2 km vor dem Ort bei der Hausnummer 63–67, gegenüber eines grünen Eisentores, zweigt ein breiter, nicht asphaltierter Weg ab (Parkmöglichkeit).

Betrachtet man sich die Abgeschiedenheit dieser Gegend, läßt sich verstehen, warum Rometta erst mehr als 100 Jahre nach Palermo in die Hände der Araber fiel. Auf dem ansteigenden Kiesweg, der hier von der **Hauptstraße** abzweigt, wollen wir uns den Dinnammare, die Antenne der Peloritani, erobern. Über bewirtschaftete Anbauflächen hinweg reicht die Sicht von Rometta bis an die Tyrrhenische Küste. Durch kleine Eichen- und Kastanienwälder gelangen wir an eine Verzweigung, an der wir uns links halten (30 Min.). Vor uns erhebt sich der dicht bewachsene Pizzo del Corvo. Nach einer kleinen Senke mit einem bewirt-

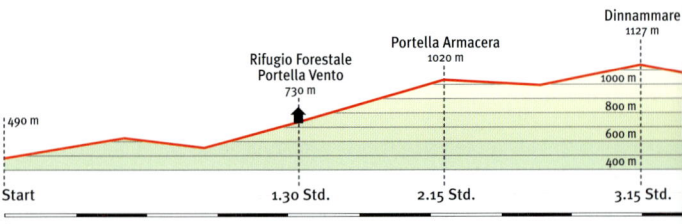

Dinnammare 1127 m

Portella Armacera 1020 m

Rifugio Forestale Portella Vento 730 m

1000 m
800 m
600 m
400 m

490 m

Start   1.30 Std.   2.15 Std.   3.15 Std.

0

46

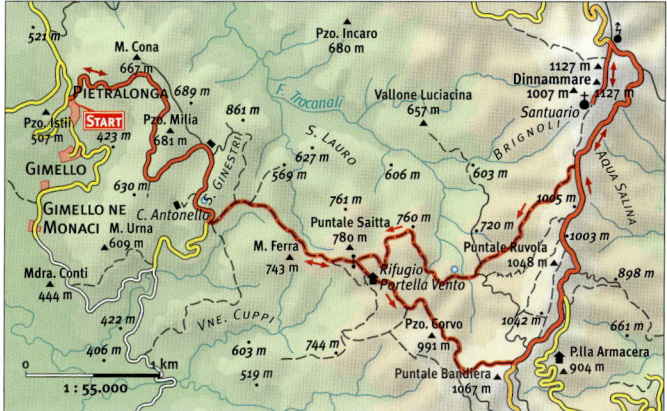

schafteten Bauernhaus halten wir uns an einer Gabelung rechts. Vorbei an einer Quelle auf der linken Seite und einem abzweigenden Weg auf der rechten, kommen wir an einen Brunnen mit ausgezeichnetem Trinkwasser (1 Std.). Sehr oft trifft man hier Bauern, Landarbeiter, ja ganze Familien aus der Umgebung, die – beladen mit Dutzenden von leeren Wasserflaschen – am Brunnen Trinkwasser abfüllen.

Links der Wasserstelle beginnt ein Forstweg, der in sanften Serpentinen durch ausgedehnte Farnfelder zur Portella del Vento hinaufführt. Hier liegt, umgeben von schattenspendenden Bäumen, das **Rifugio Forestale Portella Vento,** an dem mehrere Forststraßen zusammenlaufen (1.30 Std.). Noch vor dem Tor des

Rifugio beginnt auf der linken Seite ein **rot-weiß-rot markierter Pfad,** der zunächst den Zaun entlang in Richtung Pizzo Corvo ansteigt. Vor einem Kastanienwald treffen wir auf eine Verzweigung, an der wir geradeaus weitergehen. Auf einer Anhöhe haben wir erstmals den Blick hinüber zum Dinnammare, auf dessen Gipfel sich einige Antennen und ein altes Heiligtum erheben.

Der schmale Pfad führt jetzt entlang der nördlichen Seite des Puntale Bandiera in einen jungen Kastanienwald mit dichtem Farnbewuchs. Einem Weidezaun folgen wir nach links, bis wir auf einen querenden, breiten Forstweg treffen. Auf diesem bergauf, erreichen wir bei der Portella Armacera die **Peloritani-Höhenstraße** (2.15 Std.) und halten uns hier

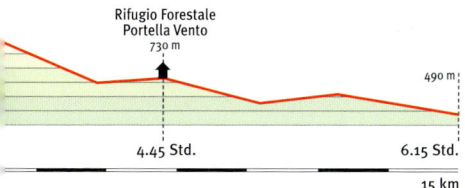

Blick auf die Peloritani

links. Von Messina aus verläuft diese gekieste Forststraße mehr als 20 km auf dem Hauptkamm der Peloritani. Vor uns breitet sich ein atemberaubendes Panorama aus: Messina, der Stretto – die Meerenge – und die kalabresische Küste mit der Stadt Reggio di Calabria liegen weit unter uns.

Der Weg verläuft jetzt auf einem Kamm. Abwechselnd rücken die Tyrrhenische Küste mit dem Kap von Milazzo und die Liparischen Inseln oder der rege Fährverkehr zwischen Messina und Villa S. Giovanni auf dem ›Kontinent‹ ins Blickfeld.

An einer Abzweigung (gemauerte Pfosten mit Kette) gehen wir geradeaus weiter, werden hier aber nach dem Gipfelbesuch auf dem Rückweg abzweigen (2.45 Std.). Bei einer Sendeanlage treffen wir auf eine Asphaltstraße, der wir nach links folgen. Nach wenigen Minuten erreichen wir das Heiligtum auf dem **Dinnammare**. Betrachten wir die Kü-

stenlinien von Kalabrien und Sizilien, wird deutlich, wie gut sie sich ineinander fügen würden. Erst durch den Grabenbruch von Messina entstand diese Trennung. Doch den Brückenbauplänen zum Trotz bewegen sich Sizilien und Kalabrien nach wie vor auseinander.

Wieder an die zuvor erwähnte Kreuzung zurückgekehrt (3.45 Std.), halten wir uns jetzt rechts und steigen in sanften Serpentinen an der Südwestseite des Dinnammare in Richtung Tal ab. Aufgeschreckt durch unsere Geräusche, steigen aus dem dichten Wald immer wieder Wildtauben in den Himmel auf. An einer Weggabelung nach links, passieren wir zunächst eine Wasserstelle und kommen dann wieder an die **Portella del Vento** mit dem Rifugio Forestale (4.45 Std.). Hier wenden wir uns nach rechts und kehren auf demselben Weg zur **Hauptstraße** zurück (6.15 Std.).

Kletterkünstlern auf den Fersen

Von Fiumedinisi zum Monte Scuderi

Nicht weit von der touristischen Ostküste und doch in einer anderen Welt. Vom Dörfchen Fiumedinisi wandern wir zum Hochplateau des Monte Scuderi. Nur Ziegen und Schafe teilen mit uns den Panoramablick, der für den etwas mühevollen Aufstieg entschädigt.

DIE WANDERUNG IN KÜRZE

+++
Anspruch

5.30 Std.
Gehzeit

19 km
Länge

Charakter: Die anstrengende Wanderung erfordert Kondition und im Gipfelbereich Trittsicherheit. Wegverlauf größtenteils im freien Gelände, sonst in Kastanien- und Eichenwäldern, auf Forstwegen und schmalen Pfaden

Markierung: Teils rotweiß-rote Markierungen

Ausrüstung: Fernglas, Sonnen- bzw. Windschutz

Wanderkarte: IGM Carta d'Italia 1:25 000, 253 II SE (Ali Terme)

Einkehrmöglichkeiten: Keine

Anfahrt: Mit dem Auto auf der S.S. 114 bis Nizza di Sicilia, dann Richtung Fiumedinisi. Dort hält man sich hinter der Kirche S. Pietro rechts und jenseits der Flußbrücke links in Richtung Santuario Maria SS. Trinità. An einer weiteren Gabelung fährt man rechts nach Romano–Pedaria. Ca. 5 km hinter Fiumedinisi endet die Teerstraße. Hier parken.

Durch fruchtbares Kulturland mit Maispflanzungen, Weinstöcken und Eßkastanien führt die **Naturstraße** vorbei an einigen Ansiedlungen gemächlich bergauf. Teils auf der einen, teils auf der anderen Flußseite, verläßt der Weg das Flußbett nie allzu weit. Jetzt ein harmloses Rinnsal, verwandelt sich der Fluß bei heftigen Regenfällen in einen reißenden Sturzbach. Weit oberhalb von uns taucht rechts bereits das imposante Massiv des Monte Scuderi auf.

An einer Flußgabelung unterhalb eines Felsens mit einem Kreuz halten wir uns rechts (1 Std.). Ein Unterstand auf der rechten Seite und das **Santuario Maria SS. Trinità** am Hang jenseits der Gabelung machen die Stelle unverwechselbar. Unter einer Oberleitung hindurch, überwindet man rechts des hier kanalisierten Flusses ein Weidegatter. Vorbei an abzweigenden Wegen, folgen wir dem Flußlauf in den **Vallone Lameri** hinein. Immer wieder flüchten sich ganze Ziegenherden in die teils dichten Wälder zu beiden Talseiten. Auf der Höhe eines Gebäudes mit torartigem Eingang und Kamin wendet sich der Weg nach rechts und verläßt kurz darauf das Bachbett. Nur selten gibt der dichte Kastanien- und Eichenwald den Blick frei auf die Gip-

Auch Kletterkünstler brauchen mal eine Pause ...

fel der Peloritanischen Berge. An einer Gabelung halten wir uns links und haben wenig später die Spitze des Pizzo Palombara direkt vor uns.

Allmählich lichtet sich der Wald und gibt links den Blick auf die Spitzen um den Pizzo Pietre Rosse frei. An einem *ovile* vorbei, wenden wir uns an einer T-Kreuzung nach rechts (1.30 Std.). Im Uhrzeigersinn unterhalb des **Pizzo Palombara,** steigt der Weg in Richtung Portella Zafferana weiter gemächlich an. Nach einer Rechtskurve taucht im Nordosten

der Gipfel des Dinnammare auf. Links daneben klebt das Bergdörfchen Rometta an den Hügelflanken. Durch eine Senke auf der rechten Seite bringt sich das beeindruckende Massiv des Monte Scuderi wieder in Erinnerung.

Vorbei an der Tränke Acqua Lima, stoßen wir bei der **Portella Zafferana** auf eine Abzweigung (2 Std.). Wir verlassen hier den Hauptweg und wenden uns nach rechts. Jenseits eines Weidegatters folgen wir nicht dem breiten Forstweg, sondern einem schmalen Pfad, der nach rechts direkt am Weidezaun entlangführt. Nachdem der Pfad zunächst leicht ansteigt, beginnt nach einigen Kehren ein etwas mühevoller Anstieg. Auf der linken Seite genießt man einen großartigen Ausblick auf die Meerenge von Messina mit den Städten Messina auf der sizilianischen und Villa S. Giovanni auf der kalabresischen Seite. Bei aller Faszination für Landschaft und Aussicht sollte man in dem hier teils steil abfallenden Gelände Trittsicherheit und Aufmerksamkeit jedoch niemals außer acht lassen.

Auf einer kleinen Anhöhe angelangt, wendet sich der Pfad nach rechts und führt vorbei an einem Geländetrichter zum **Sattel unterhalb des Pizzo Tre Baroni.** Hier mündet er auch in den Forstweg, den wir schon

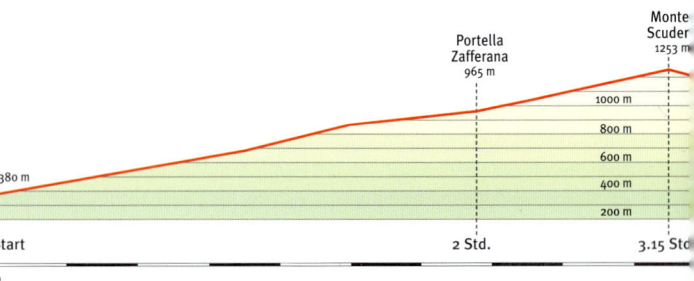

Portella Zafferana 965 m

Monte Scuderi 1253 m

1000 m
800 m
600 m
400 m
200 m

380 m

Start
2 Std.
3.15 Std

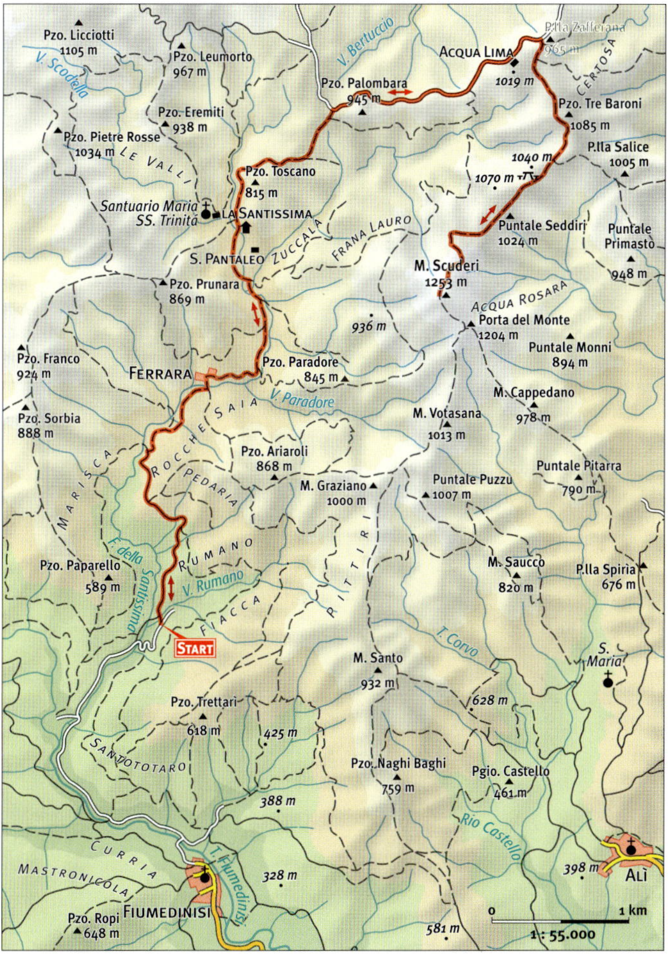

Pzo. Licciotti 1105 m · Pzo. Leumorto 967 m · V. Scodella · V. Bertuccio · P.lla Zafferana · ACQUA LIMA 1019 m · CERTOSA · Pzo. Palombara 945 m · Pzo. Tre Baroni 1085 m · Pzo. Eremiti 938 m · Pzo. Pietre Rosse 1034 m · LE VALLI · P.lla Salice 1005 m · 1040 m · 1070 m · Pzo. Toscano 815 m · Santuario Maria SS. Trinità · LA SANTISSIMA · S. PANTALEO · ZUCCALA · FRANA LAURO · Puntale Seddiri 1024 m · Puntale Primastò 948 m · M. Scuderi 1253 m · Pzo. Prunara 869 m · ACQUA ROSARA · Porta del Monte 1204 m · Puntale Monni 894 m · Pzo. Franco 924 m · FERRARA · Pzo. Paradore 845 m · V. Paradore · ROCCHE SAIA · M. Cappedano 978 m · Pzo. Sorbia 888 m · Pzo. Ariaroli 868 m · M. Votasana 1013 m · PEDARIA · M. Graziano 1000 m · Puntale Puzzu 1007 m · Puntale Pitarra 790 m · MARISCA · RUMANO · V. Rumano · della Santissima · Pzo. Paparello 589 m · FIACCA · PITTIRI · M. Saucco 820 m · P.lla Spiria 676 m · START · T. Corvo · S. Maria · M. Santo 932 m · Pzo. Trettari 618 m · 425 m · 628 m · SANTOTOTARO · 388 m · Pzo. Naghi Baghi 759 m · Pgio. Castello 461 m · Rio Castello · CURRIA · MASTRONICOLA · 328 m · Fiumedinisi · 398 m · ALÌ · Pzo. Ropi 648 m · FIUMEDINISI · 581 m

0 — 1 km
1 : 55.000

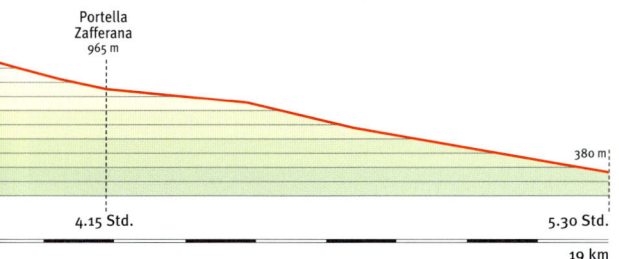

Portella Zafferana 965 m

380 m

4.15 Std.   5.30 Std.

19 km

51

längere Zeit unterhalb von uns im Blickfeld hatten. Jenseits eines Gatters verlassen wir den Forstweg durch ein grünes Eisentor wieder nach rechts. Direkt vor uns erhebt sich der imposante Monte Scuderi. Links davon glitzert im Sonnenlicht das Ionische Meer. Vorbei an einer weiteren Quelle, stößt man in einer deutlichen Rechtskurve auf eine **rot-weiß-rote Markierung** und das Schild ›Fossa a Lupa‹. An dieser Stelle lädt ein Picknickplatz zum Verweilen und Genießen. Wir reißen uns los und kommen bald darauf auf eine Anhöhe. Im Nordwesten tauchen wieder die Bergspitzen um den Pizzo Pietre Rosse auf. Tief unter uns liegt das Santuario Maria SS. Trinità. Deutlich zeichnet sich schon vor uns am Monte Scuderi der weitere Weg zum Gipfelplateau ab. Die Steigung nimmt jetzt deutlich zu, aber jede Kehre entschädigt mit einem neuen,

noch schöneren Ausblick. Die wenigen Fleckchen Grün bieten hier oben den zahlreichen Ziegen Nahrung. Keucht man so den Berg hinauf, beneidet man diese kühnen Kletterer. Kennt man die Leidenschaft der Bewohner von Fiumedinisi für Ziegenfleisch, hält sich der Neid dann doch in Grenzen.

Auf dem weitläufigen Felsplateau angekommen, markiert eine kleine Steinpyramide den höchsten Punkt des **Monte Scuderi** (1253 m; 3.15 Std.). Vom rauchenden Ätna über die Rocca di Novara – dem Matterhorn Siziliens – über das Tyrrhenische Meer und den Dinnammare mit Rometta, reicht der Panoramablick über Messina und Kalabrien bis zum Ionischen Meer. Wir kehren auf demselben Weg zurück und erreichen nach gut zwei Stunden wieder die **Naturstraße** (5.30 Std.).

Das Ziel vor Augen: der Monte Scuderi

Wo die Ricotta reift

Entlang des Flusses Alcántara von Floresta nach Randazzo

Einst waren die Nébrodi dicht mit Wäldern überzogen, dann begann man, Ackerland und Weideflächen zu schaffen. Heute ist das Gebiet um Floresta ein Zentrum für Viehwirtschaft und berühmt für seinen Käse.

DIE WANDERUNG IN KÜRZE

++
Anspruch

4 Std.
Gehzeit

12 km
Länge

Charakter: Mittelschwere Streckenwanderung über Forst- und Feldwege, am Anfang und Ende Asphalt- straße, kurzzeitig Pfade. Wegverlauf meist durch schattenloses Gelände

Ausrüstung: Wasser

Wanderkarte: IGM Carta d'Italia 1:50 000, Blatt 612, (Randazzo); TCI, Il Parco dei Nébrodi, Cartaguide Natura 1:50 000

Einkehrmöglichkeiten: In Floresta und Randazzo gibt es Bars und Alimentari.

Anfahrt: Mit dem Auto über die S.S. 116 nach Flo- resta fahren, auf dem Park- platz vor dem Ortsausgang Fahrzeug abstellen. **Mit dem Bus** von Randazzo gegen 16 Uhr zurück zum Ausgangspunkt, Busge- sellschaft Interbus, Tel. 090 66 17 54; Haltestelle südlich der Piazza Loreto. **Mit dem Taxi** (Rosario Cag- gegi, Tel. 095 92 15 85 od. Handy 34 97 54 11 98) nach Floresta. Nach der Wanderung wartet das Taxi in Randazzo.

Hinter dem Parkplatz in **Floresta** zweigt eine kleine Straße nach links ab und stößt nach 100 m auf die **Via V. Emanuele,** der wir nach rechts fol- gen. Während sich auf der linken Seite bereits Weideland erstreckt, stehen rechts die letzten Häuser von Floresta. Rechts an einer Viehtränke vorbei, wenden wir uns vor einer Un- terführung nach links und treffen auf eine Asphaltstraße. Floresta hinter uns, folgen wir dieser, bis in einer leichten Rechtskurve links eine Fahr- spur abgeht (15 Min.). Die Kuhställe auf der linken Seite zeigen deutlich die Haupterwerbsquelle dieser Re- gion. Wie die ganzen Nébrodi, so war

auch das Gebiet um Floresta einst dicht bewaldet, bis man durch großflächiges Abholzen Weide- flächen schuf. Heute sind die Nébro- di eines der Zentren für Viehwirt- schaft.

Der Weg führt jetzt zwischen Gin- sterbüschen bergab. Im Frühjahr fin- det man hier auch zahlreiche Orchi- deenarten. Von rechts gesellt sich ein kleiner Flußlauf zu uns. Es ist ei- ner der vier Quellflüsse der Alcánta- ra. Für die nächsten Stunden sind er- holsame Ruhe und der Flußlauf der **Alcántara** unsere ständigen Wegbe- gleiter. Über den Bach hinweg (45 Min.), treffen wir auf ein Gatter und

Die Kirche S. Maria in Randazzo

ihrer Zuflüsse verlassen wir allmählich den Talkessel. Deutlich sieht man, wie – gespeist durch zahlreiche Bäche und Rinnsale – die Alcántara von Meter zu Meter mächtiger wird. Das Flußufer ist jetzt mit Laubbäumen dicht bestanden. Im Frühjahr oder bei schweren Regenfällen kann sich die Landschaft hier schlagartig ändern. Aus dem ruhig dahinplätschernden Bächlein wird dann ein reißender Strom, der den ganzen Uferbereich überflutet.

Nach links überspannt eine Brücke den Flußlauf. Wir bleiben weiter auf unserer Flußseite und folgen dem nach rechts leicht ansteigenden Kiesweg, der sich hier von der Alcántara verabschiedet. Auf einer von dichtem Mischwald umgebenen Lichtung gelangen wir zur verlassenen **Casa Malagonia** (1.30 Std.). Weiter im angenehmen Schatten des Waldes, stoßen wir nach einer S-Kurve auf eine Abzweigung. Hier verlassen wir den Hauptweg und folgen dem linken, schmaleren Weg. Über ein Gatter hinweg, kommen wir auf ein Plateau, auf dem der Weg unvermittelt vor einem Taleinschnitt endet (2 Std.).

Links erstreckt sich eine Wiese mit einigen Bäumen. Über diese hinab, stoßen wir auf einen kleinen Pfad, der nach rechts den Taleinschnitt quert. Zunächst steigen wir in zahlreichen Serpentinen den Hang wieder hinauf und gelangen

wenig später auf einen breiteren Weg, dem wir nach rechts folgen. Links öffnet sich ein weiter Talkessel mit ausgedehnten Weideflächen und einigen Bauernhäusern. Durch den Talgrund schlängelt sich gemächlich die Alcántara. Über einen weiteren

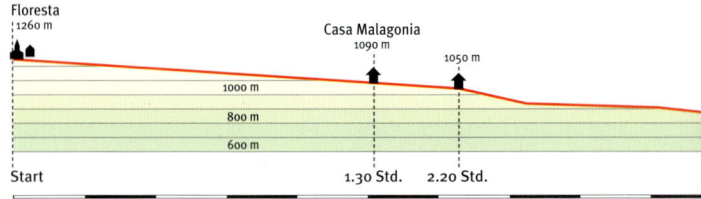

durch dichte Vegetation auf einen Sporn. Etwas oberhalb erkennen wir schon ein **Bauernhaus,** auf das unser Weg zuführt (2.20 Std.).

Direkt an der Hauswand steht ein merkwürdiges Gestell. In seinem Aussehen erinnert es entfernt an einen Vogelkäfig. Welchem Zweck könnte es wohl dienen? Ganz einfach – hier wird die frische Ricotta durch die Sonnenwärme getrocknet. Bei der Zubereitung von Ricotta erhitzen die Hirten zunächst die Schafsmilch in einem weiten Kessel. Diese wird dann mit Kalbslab, vom Labmagen der Kuh, versetzt und gerinnt in Sekundenschnelle zu einem bröckligen Brei. Wieder mit etwas frischer Milch versetzt, wird die jetzt zähflüssige Ricotta-Masse durch ein Sieb in selbstgeflochtene Binsenkörbchen geschüttet. Die überschüssige Molke kann so herausrinnen, und die Körbchen werden zum Trocknen der Ricotta in diesen Käfigen aufgestellt.

Jenseits eines weiteren Gatters setzt sich ein deutlich sichtbarer Fahrweg fort. Links fällt der Blick hinunter ins Flußtal der Alcántara, deren Bett jetzt bereits weit unter uns verläuft. Vor uns sehen wir in der Ferne schon die Stadt Randazzo, aber bis dorthin ist es noch ein weiter Weg. Dahinter erhebt sich hoch aufragend der Ätna, als würde er über die mittelalterliche Stadt und das Umland wachen.

Immer weiter auf dem Hauptweg, werden die Konturen der Stadt Randazzo deutlicher. Vorbei an einigen Gehöften, geht der Weg kurz vor der Stadt in eine Asphaltstraße über. Wie man aus den Resten einer Brücke etwas Sinnvolles machen kann – einen Vorgarten – stellen wir begeistert kurz vor dem Ortseingang fest. Weiter geradeaus, gelangen wir ans mittelalterliche Stadttor von **Randazzo** (4 Std.).

Arrivederci natura, benvenuto il bar!

Goldgelb wiegen die Felder

Der Monte Sambughetti – Aussichtsturm auf Innersizilien

Schon in der Antike war das Hinterland um Enna die Kornkammer Roms. Vom Monte Sambughetti genießen wir den Blick auf die schier endlosen Anbauflächen. Durch Kiefern- und Eichenwälder leitet uns das Quaken der Frösche zu den Laghetti di Campanito.

DIE WANDERUNG IN KÜRZE		
++ Anspruch	**Charakter:** Mittelschwere Rundwanderung über Forst- und Waldwege; leichte Orientierung	Carta d'Italia 1:25 000 260 II NE (Sperlinga)
5 Std. Gehzeit	**Markierung:** Verschiedene Wegabschnitte sind mit unterschiedlichen Farben markiert.	**Einkehrmöglichkeiten:** Keine **Anfahrt: Mit dem Auto** der S.S.117 über Mistretta in Richtung Nicosia folgen. Ca. 13 km nach Mistretta zweigt kurz vor dem Kilometerstein 29 auf der rechten Seite ein Feldweg ab – hier parken.
14 km Länge	**Wanderkarten:** IGM Carta d'Italia 1:25 000 260 I SE (Colle del Contrasto); IGM	

Kurz nach einer **Durchfahrsperre** folgen wir dem rechten, breiten, leicht ansteigenden Weg, der zwischen Weideflächen und Kiefernwäldern durch die Contrada Comunello führt. Rechts liegt der Monte Castelli (1566 m), und in der Ferne sieht man das Nébrodi-Städtchen Mistretta. In kleinen, im Schatten liegenden Wasserläufen gedeihen auch noch im Frühsommer Orchideen. Haben wir den alten **Eichenwald von Giumenta** (30 Min.) hinter uns gelassen, folgen wir immer dem Hauptweg. An der **Portella Pantano** (1.15 Std.) öffnet sich der Blick auf das sizilianische Hinterland mit seinen riesigen Weizenfeldern. Bei dieser endlosen Weite kann man sich kaum vorstellen, daß Sizilien einst größtenteils mit dichtem Wald überzogen war. Nach 10 Min. gabelt sich der Weg. Wir lassen den rechts abfallenden Weg unbeachtet und nehmen den linken Weg.

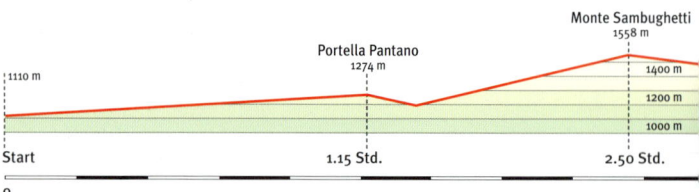

Monte Sambughetti
1558 m

Portella Pantano
1274 m

1110 m

1400 m
1200 m
1000 m

Start   1.15 Std.   2.50 Std.

0

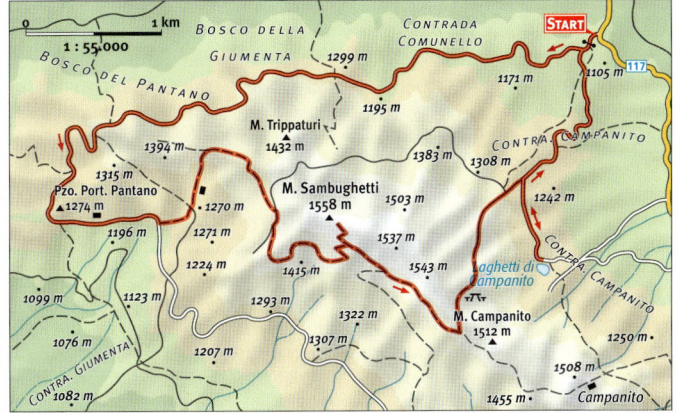

Über ein Holzgatter betreten wir eine ausgedehnte Weidefläche (1.45 Std.). In dem verfallenen Steinhaus auf der linken Seite, sieht man am frühen Morgen häufig die Hirten die frische Schafsmilch zu Ricotta verarbeiten. In einer langgezogenen Rechtskurve zweigt nach links ein schmaler Pfad vom Hauptweg ab. Diese Stelle ist durch einen Stein mit einem roten Pfeil deutlich gekennzeichnet. Eine zusätzliche Orientierung bieten die **orangefarbenen Markierungen** entlang des ansteigenden Weges. Über Weideflächen, vorbei an einem weiteren verfallenen Steinhaus zur Rechten, gelangen wir auf den vor uns liegenden Sattel, auf dessen linker Seite sich ein riesiger spitz zulaufender Felsen erhebt (2 Std.). Nach einer scharfen Rechtskurve gewinnen wir in zahl-

reichen Serpentinen zusehends an Höhe. Nach 10 Min. stoßen wir auf einen querenden Weg, dem wir nach rechts folgen. Nach einem kurzen Abstieg steigt der Weg wieder an, mit einer herrlichen Fernsicht auf die fruchtbare Ebene. Orangegelb markiert, führt er nach einer Rechtskurve über ein Gatter hinweg in einen Kiefernwald (2.30 Std.). Nach weiteren 10 Min. stoßen wir von unten auf einen querenden Weg, dem wir nach links folgen (der rechte Weg ist durch ein Gatter versperrt).

An einem weiteren Querweg steht eine Übersichtskarte. Hier wenden wir uns erneut nach links und erreichen wenig später den Gipfel des **Monte Sambughetti** (2.50 Std.). Der Blick in die Umgebung ist großartig: Deutlich erkennen wir die bewaldeten Nébrodi und Monti Erei. An klaren Tagen reicht der Blick sogar bis zum Ätna im Südosten und zu den Liparischen Inseln im Norden. In Richtung Süden sehen wir endlose Weizenfelder. Hier versteht man, warum Sizilien die Kornkammer Roms genannt wurde oder, wie Cato sagte: »Amme, an deren Brust sich das römische Volk nährt«. Noch im-

Laghetti di
Campanito
1257 m

1110 m

4.15 Std.   5 Std.

14 km

mer wird hier Hartweizen angebaut.

Wir gehen zurück bis zur Übersichtskarte und bleiben dann weiter auf dem abfallenden Hauptweg. An einer Gabelung mit einer weiteren Übersichtkarte und Hinweisschildern folgen wir dem linken violett markierten Weg auf einen Sattel. Durch ein Holzgatter biegen wir hier nach links auf einen **rosa markierten Weg** ›Mulattiera di Nevaruoe‹ ab (3.15 Std.). Rechts liegen die kahlen Felsen der Rocca Campanito, vor uns der Monte Castelli. Durch Kiefernwälder, vorbei an einzelnen Stechpalmen, kommen wir an einem schattigen Picknickplatz mit steinernen Tischen und Stühlen vorbei.

Immer auf dem abfallenden Hauptweg, vorbei an Kastanien und Buchen, halten wir uns bei der nächsten Möglichkeit rechts (3.45 Std.). Über ein erstes Gatter, direkt an der Weggabelung, und ein weiteres 15 Min. später, treffen wir von oben auf einen breiten Weg. Auch hier befindet sich wieder ein Übersichtsplan. Bevor wir auf dem Weg nach links zum Ausgangspunkt zurückkehren,

lohnt es sich, einen Abstecher nach rechts zu den **Laghetti di Campanito** zu unternehmen (grüne Markierungen; 4.15 Std.). Umgeben von Birken, Kiefern und Brombeerhecken dehnt sich unterhalb der Rocca Campanito ein faszinierender Mikrokosmos aus: eine typische Feuchtgebietsvegetation, in der Segge, Schwertlilie, Binse, Minze, Laichkraut, Hahnenfuß und Rohrkolben gedeihen. Am See lassen sich Ringelnattern, Frösche und mit viel Glück auch einige Sumpfschildkröten beobachten. Folgen wir dem Weg am linken Seeufer weiter, kommen wir zu einem zweiten, etwas kleineren See, der in völliger Waldeinsamkeit liegt.

Zurück nehmen wir zunächst den gleichen Weg bis zur T-Kreuzung und folgen dann dem Hauptweg über eine Weidefläche (die Weidegatter bitte immer gut schließen). Hinter einem Holzgatter stoßen wir auf die erste Weggabelung unserer Wanderung. Hier nach rechts, gelangen wir zur **Durchfahrsperre** am Ausgangspunkt zurück (5 Std.).

Die Laghetti di Campanito

Ein Stück Arkadien

Die Wasserfälle von Catafurco bei Galati Mamertino

Vieles erwartet man in Sizilien – aber einen Wasserfall wohl kaum. Vorbei an der alten Hirtensiedlung Molisa mit strohgedeckten Hütten, kommen wir in die Schlucht von S. Basilio, in der der Wasserfall von Catafurco tosend in einen kleinen See stürzt.

DIE WANDERUNG IN KÜRZE

+
Anspruch

2.45 Std.
Gehzeit

7 km
Länge

Charakter: Leichte Wanderung; Orientierung vor den Wasserfällen etwas schwierig, hier ist auch Trittsicherheit gefragt.

Wanderkarten: IGM Carta d'Italia 1:25 000, 252 II SO (Galati Mamertino); IGM Carta d'Italia 1:25 000 261 I NO (Serra del Re); TCI, Il Parco dei Nebrodi, Cartaguide Natura 1:50 000

Einkehrmöglichkeiten: Keine

Anfahrt: Mit dem Auto von Galati Mamertino weiter Richtung S. Basilio bzw. *pineta*. Nach den Tennisplätzen an einer Abzweigung rechts. Kurz vor der Ortschaft Galini zweigt in einer Rechtskurve ein nicht asphaltierter Weg ab. An dieser Stelle steht rechts auf einem Felsen ein Metallkreuz. Am Anfang des Weges parken.

Der erste Teil der Wanderung verläuft auf einem Feldweg und lädt ein, die Landschaft zu genießen: links sehen wir die Felsen von Pizzo Risigna (1151 m) und Pizzo Ucina (1248 m), rechts die gewaltigen Rocche del Crasto, die bunte Macchia der Serra Corona und etwas unterhalb die Contrada S. Giorgio. Nach 20 Min. sind wir in **Molisa,** einer kleinen, von Hirten bewohnten Ansiedlung am Fuße einer steil aufragenden Felswand.

Kurz darauf halten wir uns an einer Weggabelung links. Am Wegesrand stehen immer wieder Ginsterbüsche und Walnußbäume. In sein Bett eingegraben, schlängelt sich rechts unter uns der S. Basilio dahin. Durch die **Contrada Cannula,** eine

ehemalige Ansiedlung, kommen wir zu einer in Naturstein gefaßten Tränke mit Trinkwasser. Der Weg ist zunächst leicht abfallend, steigt dann aber bis zu einem Haus mit einer Metalltür wieder an (45 Min.). An dieser Stelle wenden wir uns nach rechts und passieren einen kleinen Wasserlauf. Auf einem der zahlreichen Ziegenpfade wandern wir zwischen Ginster- und Brombeerbüschen zum Taleinschnitt auf der rechten Seite hinüber. Dort angelangt, folgen wir dem Fluß stromaufwärts in den **Vallone Galati** hinein. Vor uns erhebt sich eine Steilwand mit einer Höhle auf der linken Seite (1.15 Std.). Aus einer Höhe von ca. 20 m stürzt tosend das Wasser des S.

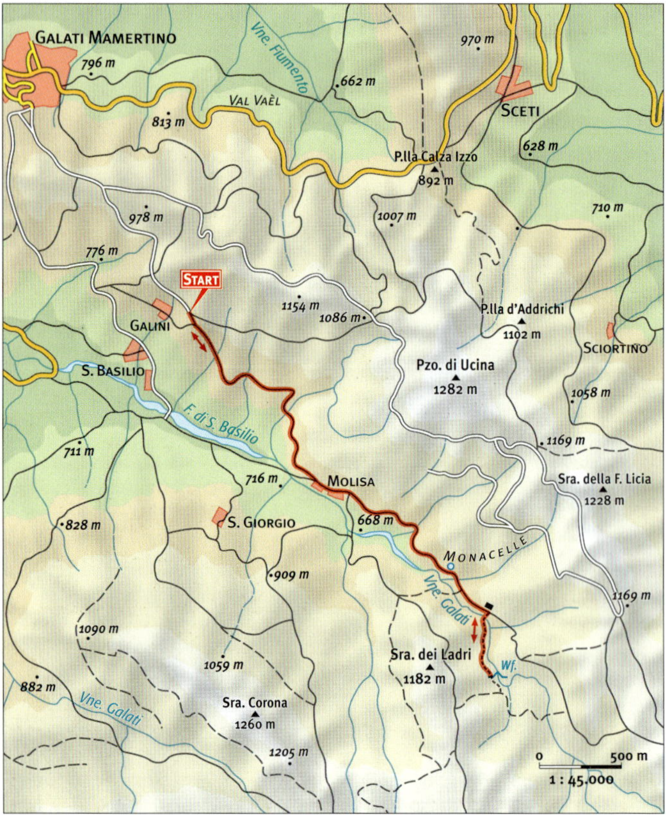

Basilio die Felsen hinunter und sammelt sich in einem See. An heißen Tagen ist die Versuchung groß, unter dem **Wasserfall von Catafurco** Abkühlung zu suchen. Zum Ausgangspunkt bei **Galini** wählen wir den gleichen Weg zurück (2.45 Std.).

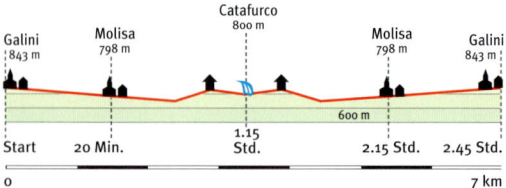

Ein schicksalhaftes Unwetter

Vom mittelalterlichen Cefalù auf die Rocca di Cefalù

Als Roger II. 1131 in einem Sturm um sein Leben fürchtend eine Stiftung gelobte, war dies für Cefalù eine Schicksalsentscheidung. Wer weiß, ob allein die schöne Lage zwischen dem Burgberg und dem Meer ausgereicht hätte, Besucher aus aller Welt anzulocken.

DIE WANDERUNG IN KÜRZE

+
Anspruch

Charakter: Leichte Wanderung über gepflasterte Straßen, Treppen und unbefestigte Wege; einfache Orientierung; Wegverlauf größtenteils im schattenlosen Gelände

2.15 Std.
Gehzeit

Wanderkarte: Carta dei Sentieri e del Paesaggio 1:50 000, Cefalù–Madonie; Stadtplan des Fremdenverkehrsamtes

6 km
Länge

Einkehrmöglichkeiten: Reiche Auswahl an Ristoranti

Anfahrt: Mit dem Auto auf der A 20 von Palermo in Richtung Messina, verläßt man die Autobahn an der Ausfahrt Cefalù Ovest und folgt den Hinweisschildern Cefalù bis zu den Parkmöglichkeiten am Rande des Zentrums.

Ausgangspunkt unserer Wanderung ist das an der Nordküste Siziliens gelegene, malerische **Cefalù**. Von der zentralen **Piazza Garibaldi**, an der wir noch Reste eines Eingangstores, der Porta di Terra, und der sogenannten megalithischen Stadtmauer aus dem 4. Jh. v. Chr. sehen können, folgen wir dem Corso Ruggero. Vermutlich war dies schon in der Antike eine der Hauptachsen von Cefalù. So ist es kein Zufall, daß man vor einigen Jahren ganz in der Nähe die Reste einer alten Römerstraße fand. Nach ca. 200 m kommen wir zu dem aus normannischer Zeit stammenden **Osterio Magno**, von dem allerdings nur die prächtigen Drillingsfenster auf die Originalzeit zurückgehen. Hier biegen wir links in die Via Amendola ein und stoßen an

deren Ende auf die Via V. Emanuele, der wir nach rechts folgen. Durch ein schmiedeeisernes Tor auf der linken Straßenseite gelangen wir zu einem mittelalterlichen Waschplatz. Die aus dem vorstehenden Felsen herausgearbeiteten Waschbretter waren noch bis weit in die Neuzeit in Benutzung.

Wieder auf der Via V. Emanuele, biegen wir rechts in die **Via Mandralisca** ein, in der sich mit der Hausnummer 13 das gleichnamige Museum befindet (Öffnungszeiten 9–12.30; 15.30–19 Uhr). Die Sammlung des Baron Enrico Pirajno Mandralisca enthält u.a. wertvolle archäologische Stücke (berühmt vor allem ein Gefäß des 4. Jh. v. Chr. mit der humorvollen Darstellung eines Fischverkaufs), eine kleine Pinakothek mit dem Meisterwerk ›Bildnis eines Unbekannten‹ von Antonello da Messina (1430–1479) und eine reiche Sammlung von Muscheln aus allen Weltmeeren.

Weiter auf der Via Mandralisca, erreichen wir den Domplatz mit dem Wahrzeichen von Cefalù. Roger II. ließ die **Kathedrale** im Jahre 1131 im arabisch-normannischen Stil erbauen. Der Gründungsbeschluß geht, wie bei vielen mittelalterlichen Kirchen, auf ein Wunder zurück. Als Roger II. vor der Küste von Cefalù in ein Unwetter geraten war, soll er geschworen haben, eine Kirche zu errichten, falls er unbeschadet das Ufer erreichen würde. Hinter dem Bau verbarg sich aber weniger ein Wunder als vielmehr die Absicht, seinem neugewonnenen Rang – 1130 war er zum König von Sizilien gekrönt worden – sichtbaren Ausdruck zu verleihen. Die Kathedrale sollte die Grablege der normannischen Dynastie werden.

Rechts an der Kathedrale vorbei, biegen wir in den Vicolo della Grotta ein, der über einige Treppenzüge zum Fuß des Burgbergs führt. Links ragen steil die Felswände der Rocca empor. Schon jetzt hat man einen schönen Blick auf die Kathedrale. Nach einem Linksschwenk beginnt auf der Höhe einer Übersichtskarte ein gepflasterter Treppenweg, der in zahlreichen Serpentinen den Berg hinaufführt. Durch ein befestigtes Tor treffen wir auf Reste von Behausungen, eine alte Zisterne und kurze

Zeit später auf Backöfen und Lagerhäuser. Diese Überreste bezeugen eindrucksvoll eine umfangreiche nachantike Besiedlung. Vermutlich zogen sich die Einwohner von Cefalù auf den Burgberg zurück, um vor Piratenüberfällen in Sicherheit zu sein. Nach einer Rechtskurve liegt, umgeben von jungen Kiefern und Eukalyptusbäumen, der sogenannte **Tempel der Diana**. Um eine frühgeschichtliche Zisterne erbaut, weist das aus großen megalithischen Blöcken errichtete Gebäude (9. Jh. v. Chr.) einen sehr feinen, aus Muschelkalk gearbeiteten Architrav auf, der in römischer Zeit restauriert wurde. Vermutlich für einen Wasserkult geschaffen, diente es sicher auch Verteidigungszwecken, konnte man doch von hier aus die ganze Stadt und die gesamte Umgebung kontrollieren.

Nach diesem interessanten Abstecher kehren wir bis zur zuvor erwähnten Rechtskurve zurück und folgen dann dem schmalen Pfad geradeaus. Hinter einem Kiefernwald, stoßen wir auf eine mit Schwalbenschwanzzinnen bewehrte Verteidigungsmauer. Welch ein Ausblick! Das mittelalterliche Cefalù liegt uns zu Füßen. Der Dom mit wehrhaften Türmen und dem Kreuzgang, der Domplatz, bevölkert von Menschen in ›Ameisengröße‹, die ganze Stadt breitet sich vor uns aus. Über das tiefblaue Meer hinweg reicht der Blick an klaren Tagen bis zu den Liparischen Inseln.

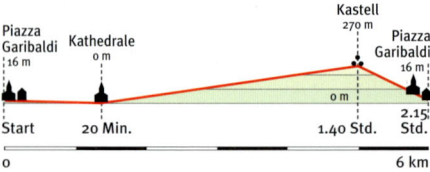

Piazza Garibaldi	Kathedrale		Kastell 270 m	Piazza Garibaldi
16 m	0 m			16 m
Start	20 Min.	0 m	1.40 Std.	2.15 Std.

0   6 km

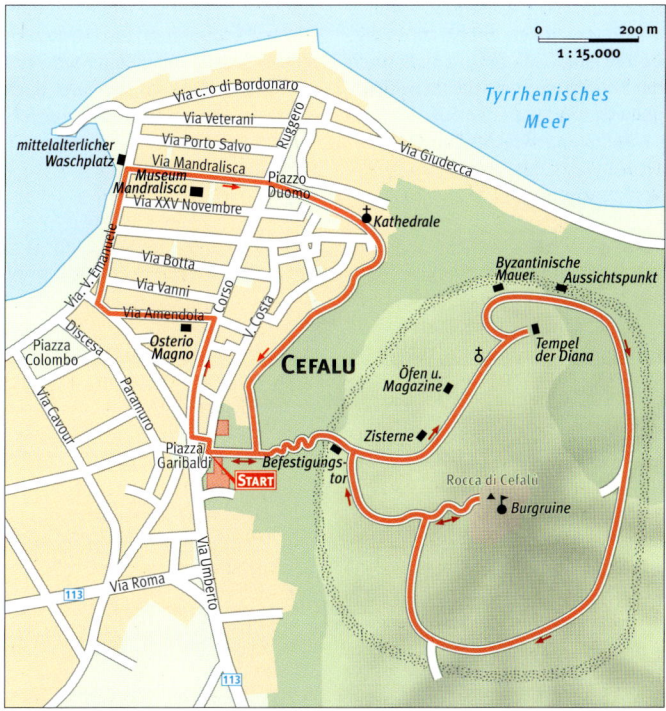

Die Verteidigungsmauer entlang nach rechts, gelangen wir, vorbei an einer weiteren Aussichtsterrasse, auf einem schmalen Pfad in einen Kiefernwald. Der Blick öffnet sich jetzt auf die Küstenstreifen östlich von Cefalù. Einzelne Felsen, überragt vom Torre Kalura, recken sich malerisch ins Meer hinaus.

An einer Weggabelung nach links, stoßen wir wieder auf den äußeren Befestigungsring, dem wir nach rechts folgen. Auf einem Sattel genießt man eine herrliche Aussicht auf die gesamte Küstenlandschaft östlich und westlich von Cefalù. An einer Weggabelung nach rechts, treffen wir von oben auf einen querenden Weg, dem wir wiederum nach rechts folgen. Nach einer kurzen

Steigung stehen wir inmitten der Ruinen eines Kastells auf dem Gipfel der **Rocca di Cefalù** (1.40 Std.). Vom Normannen Roger II. begonnen, wurde es von den Staufern vollendet. Während des Krieges der Anjou gegen die Aragonesen wurde hier 1284 Karl der Lahme, Sohn und Erbe Karls von Anjou, gefangengehalten, nachdem er in einer Seeschlacht besiegt worden war. An der beherrschenden Position wird die Bedeutung des Kastells sehr deutlich. Von hier konnte man das gesamte Umland kontrollieren, und zugleich war die Rocca ausgezeichnet zu verteidigen.

Zurück folgen wir dem Hinweg bis zur letzten Weggabelung, an der sehr auffällig ein fünfstämmiger **Oli**

venbaum steht. Geradeaus weiter folgen wir einem abfallenden Weg. Durch einen Mauerdurchlaß nach links, gelangen wir auf dem Treppenweg wieder an den Fuß der Rocca. Anstatt nach rechts zum Dom ab-zubiegen, gehen wir weiter gerade-aus und kommen so durch die pitto-resken Gassen von Cefalù wieder auf den Corso Ruggero, der uns nach links zur **Piazza Garibaldi** zurück-bringt (2.15 Std.).

Der Burgberg beherrscht das Stadtbild von Cefalù

Eiszeitliche Stechpalmen

In den Bergwäldern oberhalb von Castelbuono

Vom Rifugio F. Crispi auf dem Piano Sempria wandern wir zu einer für ganz Italien außergewöhnlichen Vegetation. Als Relikte der letzten Eiszeit haben sich hier einige riesige Stechpalmen erhalten. Die herrliche Landschaft macht diese Wanderung zu einem Erlebnis.

DIE WANDERUNG IN KÜRZE

+
Anspruch

3 Std.
Gehzeit

8 km
Länge

Charakter: Leichte Wanderung mit kurzen An- und Abstiegen über Waldwege und Forststraßen

Markierungen: Naturlehrpfad

Wanderkarte: Carta dei Sentieri e del Paesaggio 1:50 000, Cefalù–Madonie

Einkehrmöglichkeiten: Rifugio Francesco Crispi, Tel. 09 21 67 22 79

Anfahrt: Mit dem Auto von Castelbuono über S. Guglielmo zum Piano Sempria (11 km) fahren. Parkmöglichkeit am Rifugio Francesco Crispi.

Unsere Wanderung beginnt rechts vom **Rifugio F. Crispi** und folgt bis zum Cozzo Luminario einem Naturlehrpfad (Sentiero natura). Der Weg steigt zunächst durch einen dichten Wald von Steineichen und Buchen an. Nach wenigen Minuten kreuzt man eine Forststraße. Hier steht inmitten von Buchen eine imposante Flaumeiche, deren Alter auf 800 Jahre geschätzt wird. Am Fuße des von einem Blitzschlag ausgehöhlten Stammes wächst der unter Naturschutz stehende Stechende Mäusedorn.

Kurze Zeit später durchqueren wir einen Hochwald von Flaumeichen, dessen regelmäßige Anlage uns verrät, daß er bis vor kurzem noch als Nutzwald diente. Vorbei an einem Köhlerplatz, kommen wir auf eine Lichtung, und es öffnet sich ein herrlicher Blick auf die Bergwelt der Nébrodi, die Ortschaft S. Mauro Castelverde, den Ätna, die Felsen von Geraci Siculo mit dem Bosco Vicaretto und ganz rechts Piano Ferro und den Monte San Salvatore. Hier stehen neben wilden Birnbäumen, Wildrosen und Wolfsmilch auch kleingewachsene Buchen, die wegen des starken Windes und der intensiven Weidewirtschaft nur Strauchhöhe erreichen.

Nach einer kurzen Steigung stößt man erneut auf die Forststraße, der man jetzt über ein Gatter nach links folgt, um gleich darauf **Piano Pomo** zu erreichen. Eine alte Tradition aufgreifend, wurde hier von Forstarbeitern eine *pagghiaru* errichtet. Diese strohgedeckten Hütten dienten Hirten und Landarbeitern als Unterstand.

Die Bergwelt der Madonien

Gegenüber der *pagghiaru* zweigt unser Weg ab und führt über ein Gatter in Richtung Cozzo Luminario. Am Fuße des Berges wachsen neben mächtigen Eichen und Buchen riesige Stechpalmen. Diese Relikte aus der letzten Eiszeit erreichen hier eine für Italien einmalige Höhe von bis zu 15 m.

Bis zum Gipfel des **Cozzo Luminario** (1 Std.) steigt der Weg jetzt steil an. Ein atemberaubender Blick auf die höchsten Gipfel der Madonien, wie den Pizzo della Principessa (1977 m) und den Pizzo Carbonara (1979 m) sowie im Norden auf das Tyrrhenische Meer mit den Liparischen Inseln, läßt die Anstrengung des Aufstiegs vergessen. Weit unter uns liegt die Ortschaft Castelbuono.

Vom Cozzo Luminario folgen wir dem durch Holzpflöcke markierten Pfad in westlicher Richtung in eine Talsenke hinab. Im Talgrund geht der Pfad in eine Fahrspur über. Ansteigend treffen wir gleich darauf auf einen querenden Fahrweg, dem wir nach links folgen. Vorbei an einer Trittleiter über einen Weidezaun auf linker Seite folgen wir dem Schwung der Croci dei Monticelli mit ihren zahlreichen Gipfelkreuzen weiter bergan. Über Weideflächen hinweg, hier ist der Fahrweg teilweise nicht ganz so gut zu erkennen, gelangen

wir an ein Weidegatter, das wir auf einer Trittleiter überwinden (1592 m). Links haben wir einen schönen Blick auf das Madonienstädtchen Geraci Siculo und den Ätna im Hintergrund.

An der Weggabelung kurz darauf halten wir uns links. Der Weg führt hier über eine ehemalige Weide, die mittlerweile mit Kiefern wiederaufgeforstet wurde. Kurz nach einem

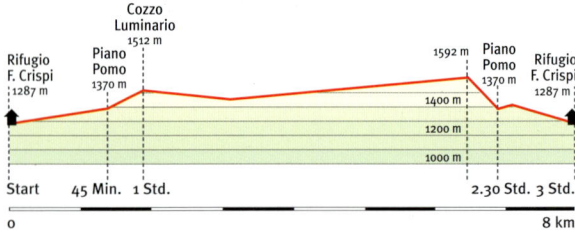

weiteren Gatter wendet sich unser Weg nach links. Für wenige Meter ist dieser nur als schmale, kaum sichtbare Fahrspur im Gras ausgebildet. Wieder genießt man einen wunderbaren Ausblick auf den Ätna und die Liparischen Inseln. Rechts liegen mit Monte Ferro (1906 m) und Monte Quacella (1869 m) zwei weitere bedeutende Gipfel der Madonien.

Auf allmählich steiler abfallendem Weg kommen wir durch einen alten Eichen- und Buchenwald mit teils bizarr verknorpelten Bäumen an ein weiteres Gatter (2 Std.). Links erhebt sich der Pizzo Stefano. Über eine Weidefläche, vorbei an einem einsamen Haus auf der rechten Seite, wendet sich der Weg leicht nach links. Unser Blick fällt auf den tiefeingeschnittenen Vallone Canna und den Pizzo Canna (1429 m). Ein weiteres Gatter hinter uns lassend, halten wir uns an einer Weggabelung mit einer Viehtränke links. In Serpentinen führt der Weg nach oben. An den Hängen des Pizzo Stefano auf der linken Seite wachsen Weißdornbüsche, Heckenrosen und wilde Birnbäume. Rechts, etwas unterhalb, liegen einige *ovili* mit Viehtränken, im Hintergrund die Dörfer S. Mauro Castelverde und Geraci Siculo.

Nach einem kurzen, steilen Anstieg haben wir wieder die Ebene von **Piano Pomo** erreicht (2.30 Std.). Geradeaus weiter, durch das Gatter hindurch, treffen wir auf eine Abzweigung, an der wir schon zu Beginn der Wanderung vorbeikamen. Hier geht man entweder nach rechts und folgt dem Naturlehrpfad zurück,

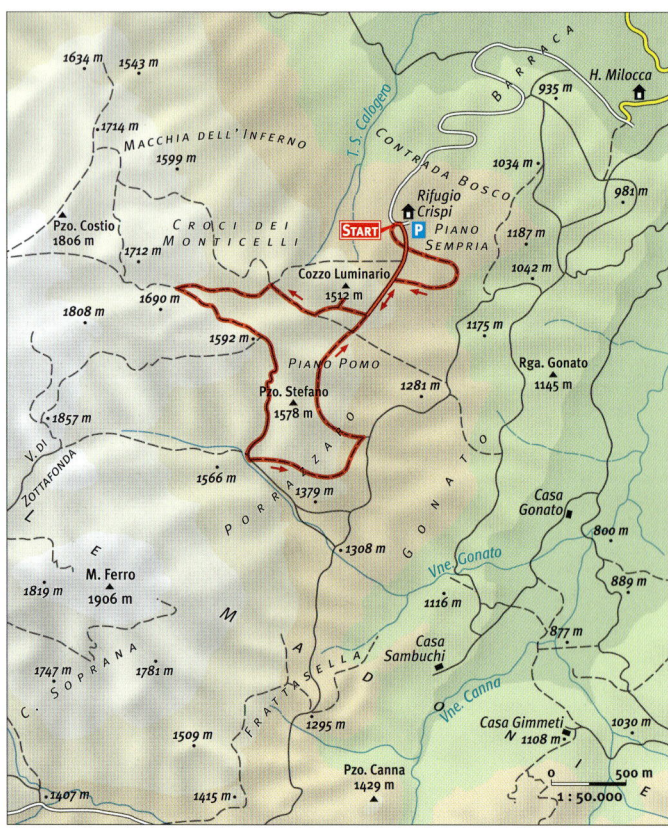

oder man bleibt auf der geschotterten Forststraße, die sich kurz darauf gabelt. Hält man sich rechts, erreicht man nach 20 Min. wieder das **Rifugio F. Crispi** (3 Std.).

Manna-Eschen

In der Umgebung von Castelbuono sieht man längs der Straßen zahlreiche Haine von Manna-Eschen. Sie bergen einen wertvollen Rohstoff: Manna. Jedes Jahr von Juli bis September wird sie durch das Anritzen der Rinde gewonnen. Man setzt zunächst mehrere Schnitte übereinander, so daß die Tropfen, die sich bei der Berührung mit der Luft sofort verfestigen, sich verbinden und eine Stange bilden. Nach acht Tagen wird diese abgenommen und an der Sonne getrocknet.

Bis weit ins 18. Jh. war die Manna wegen ihrer süßenden und abführenden Eigenschaft ein sehr begehrter Rohstoff bei vielen Süßspeisen und in der homöopathischen Medizin. Inzwischen wird sie aber weitgehend durch synthetische Stoffe ersetzt.

Hoch über dem Himeratal

Von der Portella Colla zum Monte Fanusi

Tour 16

In der Gipfelregion der Madonien wandern wir durch Buchenwälder, über Weideflächen, vorbei an bizarren Bergflanken zum Monte Fanusi. Das fruchtbare Himeratal, die Tyrrhenische Küste und weite Teile Innersiziliens bieten ein einzigartiges Panorama.

DIE WANDERUNG IN KÜRZE

++
Anspruch

Charakter: Mittelschwere Rundwanderung in teilweise sehr exponiertem Gelände

Markierung: rote Zahlen

5 Std.
Gehzeit

Wanderkarte: Carta dei Sentieri e del Paesaggio 1:50 000, Cefalù–Madonie

16 km
Länge

Einkehrmöglichkeiten: Keine

Anfahrt: Mit dem Auto von Polizzi Generosa auf der S.P. 119 bis zur Portella Colla. In Kreuzungsnähe gibt es genügend Parkmöglichkeiten.

Information: Parco Regionale delle Madonie, Corso P. Agliata 16, 90027 Petralia Sottana, Tel. 09 21 68 40 11, Fax 68 04 78, www.parks.it/parco.madonie

Unsere Wanderung beginnt an der **Portella Colla** genau gegenüber der Straße zum Piano Battaglia. Über eine Durchfahrsperre der Parkverwaltung führt uns der breite Forstweg durch einen Mischwald aus Buchen, Ahorn, Flaumeichen und Stechpalmen allmählich hinauf zu einem Forsthaus unterhalb des Cozzo Piombino. Auf einem Sattel angelangt, öffnet sich von Buchen umgeben die Hochebene von Piano Cervi. Dahinter ragen die fast 1700 m hohen Karstspitzen des Cozzo Cerasa in den Himmel. Im Frühsommer kann man auf dieser Ebene mit viel Glück allerlei endemische Schmetterlingsarten beobachten.

Auf der Höhe des letzten Strommastes vor dem Buchenwald zweigt links im 90°-Winkel ein Feldweg ab. Anfänglich nicht immer ganz deutlich, verläuft dieser zunächst an der Grenze zwischen Wald und Weide, wendet sich aber dann nach rechts in den Wald hinein. Durch teils dichten Buchenbewuchs, immer wieder von Lichtungen unterbrochen, gewinnen wir allmählich an Höhe. Von **roten Zahlenmarkierungen** sicher geleitet, münden wir nach links in einen breiten Forstweg, der an dieser Stelle eine Kurve beschreibt (1.15 Std.). Der Rückweg wird bis zu dieser Abzweigung identisch mit dem weiteren Weg sein. Durch allmählich lichteren Wald treffen wir auf einige Hinweisschilder der Parkverwaltung, die auf ein Durchfahrverbot für motorisierte Fahrzeuge und auf die Zone A des Naturschutzgebietes hinweisen. Gemächlich zieht sich der Weg in einigen langgezogenen Windungen hinunter. An einer Wegver-

zweigung wenden wir uns nach links und folgen dem Weg in den fruchtbaren Vallone Nipitalva hinein (1.45 Std.). Die **Forsthütte Mandria Nipitalva,** wenige Meter hangabwärts, erreicht man über den rechten Weg. Ausgedehnte Weiden erstrecken sich unterhalb der verkarsteten Bergspitzen. Durch einen Felseinschnitt oberhalb der Fonte Castellaro hindurch bietet sich ein einmaliger Ausblick auf die Tyrrhenische Küste bei Termini Imerese und den Monte S. Calógero im Rücken der Stadt. Deutlich erkennt man von hier oben die intensive landwirtschaftliche Nutzung des Himeratals. Von einem Weidezaun auf der linken Seite begleitet, wandern wir leicht ansteigend auf einer Anhöhe entlang. Kurz nachdem der Zaun verschwunden ist, beginnt der Weg in einer deutlichen Rechtskurve abzufallen. An dieser Stelle lohnt ein kurzer Abstecher nach rechts. Über eine Weide hinweg steigt man hoch zu einigen Felsen, die die Spitze des **Monte Fanusi** markieren (1472 m; 2.30 Std.). Ein Panorama, wie es atemberaubender nicht sein könte: Zum Meeresblick kommt hier noch die Aussicht auf das innersizilianische Hügelland hinzu. Über dem Vallone Grisanti im Südosten erstrecken sich zwischen Monte dei Cervi und Cozzo Vituro ausgedehnte Karstflächen und steile Felsabbrüche. Rechts davon, tief unter uns,

grüßt die Stadt Polizzi Generosa. Vom Monte Fanusi aus gehen wir bis zur erwähnten Abzweigung den gleichen Weg wieder zurück.

Dort angelangt, hält man sich links (3.45 Std.) und befindet sich wenig später auf der Höhe des meist windgepeitschten **Cozzo Morto** auf der linken Seite. Über verkarstete Bergflanken hinweg reicht der Blick bis zur Küste. Wir wandern weiter durch eine kleine Senke mit lichtem Baumbestand und erreichen bald darauf die Schutzhütte **Rifugio Monte Cervi** des Sizilianischen Alpenvereins (4.15 Std.). Der Weg windet sich jetzt bergab durch einen dichten Buchenwald

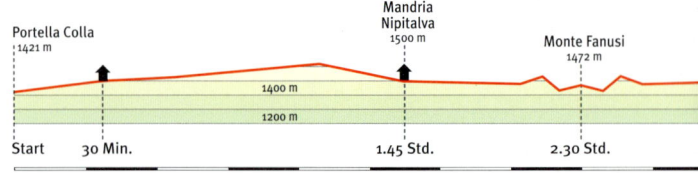

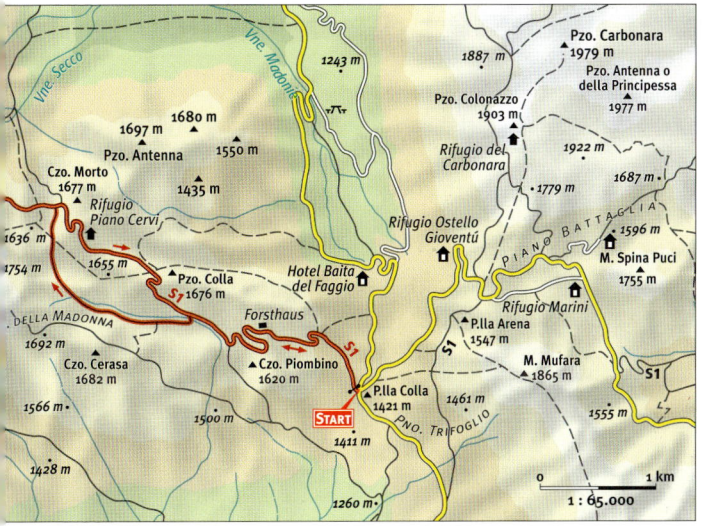

bis zum **Piano Cervi**. Wieder beim Strommast an der ersten Abzweigung angelangt, folgen wir dem vertrauten Weg zurück zum Ausgangspunkt auf die **Portella Colla** (5 Std.).

Die Madonien

Die Madonien sind seit 1989 eines der Naturschutzgebiete auf Sizilien. Der 15 000 ha umfassende Wald gehört zu den artenreichsten im gesamten Mittelmeerraum. Viele Pflanzen aus nordeuropäischen und afrikanischen Regionen wie Buchen, Ulmen, Stein- und Korkeichen, aber

auch riesige Stechpalmen wachsen hier auf Höhen von über 1500 m.

Die Gebirgskette besteht vorwiegend aus Kalken und Dolomiten, die sich vor ca. 200 Mio. Jahren als Flachwassersedimente auf dem Grund eines flachen Meeres bildeten. Zahlreich sind daher die Fossilien, auf die man während der Wanderungen stößt. Über den Meeresspiegel emporgehoben, sind diese Kalk- und Dolomitmassive durch vielfältige Formen von ober- und unterirdischer Lösungsverwitterung geprägt worden. Typische Karsterscheinungen wie Dolinen und Karren (Rinnen) überziehen die Kalkplateaus.

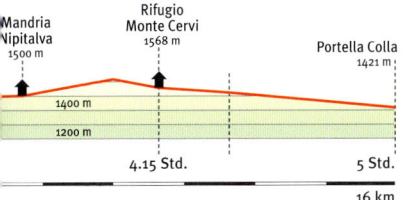

Der höchste Berg der Madonien

Eine Wanderung auf den Pizzo Carbonara

Diese Wanderung führt durch eine für die Madonien charakteristische Landschaft. Weideflächen, Buchenwälder, verkarstete Hochflächen und zahlreiche Dolinen begleiten uns bei unserem Aufstieg zum Pizzo Carbonara, dem zweitmächtigsten Gipfel Siziliens.

DIE WANDERUNG IN KÜRZE

++
Anspruch

3.30 Std.
Gehzeit

6 km
Länge

Charakter: Mittelschwere Wanderung; teils schwierige Orientierung

Markierung: Anfangs rote, nachher rot-weiß-rote Markierungen

Ausrüstung: Wind- bzw. Sonnenschutz

Wanderkarte: Carta dei Sentieri e del Paesaggio 1:50 000, Cefalù – Madonie

Einkehrmöglichkeiten: Rifugio Marini, Tel. 09 21 64 99 94

Anfahrt: Mit dem Auto über Polizzi Generosa erreichen wir Piano Battaglia. Vorbei am Ostello della Gioventù, an einer Kreuzung links Richtung Piano Zucchi, Collesano, Palermo abbiegen. 200 m weiter beginnt rechts neben dem Schild ›Zona C estesa Piano Battaglia‹ ein breiter Schotterweg – Parkmöglichkeiten.

Informationen: s. Tour 16

Vor uns liegt die weite **Ebene von Piano Battaglia** (Schlachtfeld), auf der 1069 eine Schlacht zwischen Normannen und Sarazenen stattgefunden haben soll. Vom breiten Schotterweg zweigen wir schon nach wenigen Metern bei einem grünen Häuschen links auf einen Feldweg ab. Rechts sehen wir eine Lösungsdoline (Karstvertiefungen), die ein sogenanntes Schluckloch aufweist. Regenwasser ist unter bestimmten Umständen in der Lage, Kalk aufzulösen. Im Laufe von Jahrtausenden können so aus anfangs kleinen Spalten und Klüften Schlucklöcher und unterirdische Kanalsysteme entstehen, durch die das

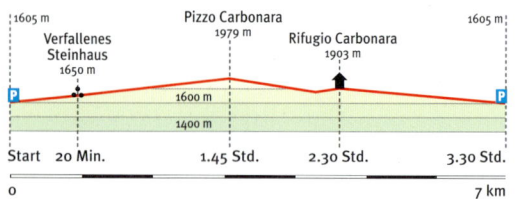

Verfallenes Steinhaus 1650 m — Pizzo Carbonara 1979 m — Rifugio Carbonara 1903 m

1605 m · 1605 m
1600 m
1400 m

Start · 20 Min. · 1.45 Std. · 2.30 Std. · 3.30 Std.

0 · 7 km

Wasser in den Untergrund entschwindet. Daher weisen Kalkgebirge oft wasserarme Hochflächen auf. Die Wasserläufe aber, die im Verborgenen verlaufen, entspringen an tiefer gelegenen Stellen als Quellen.

Oberhalb dieser Lösungsdoline schlängelt sich unser Weg in Richtung Monte Ferro den Hang hinauf. Vereinzelte Baumgruppen unterbrechen die Weitläufigkeit des Geländes. Über eine Eisenkette, die als Durchfahrsperre dient, kommen wir in einem Buchenwald an ein verfallenes Steinhaus (20 Min.). Rechts daran vorbei (verblaßter roter Pfeil), halten wir uns an einer Weggabelung links. Bei der nächsten Möglichkeit wieder nach links, kommen wir auf einen Sattel. Auf der rechten Seite erstreckt sich zwischen Monte Ferro (rechts; 1906 m) und Pizzo della Principessa (links; 1977 m) der mit Buchen bestandene Vallone di Zottafonda. Links fällt unser Blick auf den Piano Battaglia und den Monte Mufara, an dem sich eines der sizilianischen Skigebiete befindet. Vor allem an den Winterwochenenden erfreut es sich bei den Bewohnern Palermos höchster Beliebtheit.

Allmählich wird der Weg schmaler und führt links vorbei an einem einzelnen **Ahornbaum** als Pfad in einen Buchenwald hinein. Das Kalkgestein, einst auf dem Grund eines Urmeeres gebildet, ist durchsetzt mit zahlreichen Fossilien.

Rote Zahlenmarkierungen geleiten uns über den linken Rand einer dicht mit Buchen bestandenen Doline bergauf (1 Std.).

Vor uns öffnet sich ein weiter Talkessel, der aus einer Reihe von südöstlich-nordwestlich verlaufenden Dolinen gebildet wird. Unser Weg, durch vereinzelte Steinmännchen und rote Farbmarkierungen ge-

kennzeichnet, verläuft gegen den Uhrzeigersinn oberhalb dieses Talkessels in Richtung des Pizzo Carbonara, der sich als kahle Kalkspitze in nördlicher Richtung abzeichnet. Am Fuße des Pizzo Carbonara gelangen wir an eine Doline auf der rechten Seite, in deren Innerem noch die Überreste eines *ovile* zu sehen sind.

Links an der Doline vorbei, steigen wir ohne Weg zunächst zu einem Kamm auf der rechten Seite empor. Immer den Kamm entlang, haben wir nach kaum 10 Min. die Steinpyramide erreicht. Der Gipfel des **Pizzo Carbonara** erhebt sich nur wenige Schritte weiter in nordwestlicher Richtung (1.45 Std.). Als die höchste Erhebung der Madonien und zweithöchster Gipfel Siziliens ist er der ideale Aussichtsberg. An klaren Tagen reicht der Blick vom Ätna in östlicher bis Palermo in westlicher Richtung. Erstrecken sich nach Norden ausgedehnte Wälder, immer wieder unterbrochen von Karstflächen oder Weiden, ist im Süden der Madonien hingegen die Vegetation sehr spärlich. Dies hängt mit den klimatischen Bedingungen zusammen. Während von Süden heißer Wind über die

Berghänge streicht, werden von Norden oft Regenwolken herangetrieben.

Vom Gipfel läßt sich in südwestlicher Richtung, fast auf der anderen Seite des Talkessels schon das **Rifugio del Carbonara** (auch Bivacco Scolonazzo genannt) als nächstes Wegziel erkennen. Für den Abstieg folgen wir zunächst ohne Weg, aber in gut begehbarem Gelände dem oberen Rand des bereits vertrauten Talkessel weiter gegen den Uhrzeigersinn. Durch vereinzelte Buchenvegetationen biegen wir ca. 50 m vor der unbewirtschafteten Schutzhütte nach rechts auf einen Weg ab, der zwischen zwei Holzpfosten einen Weidezaun passiert (2.30 Std.). Nach knapp 100 m stoßen wir auf einen querenden Weg, dem wir nach links folgen. **Rote Markierungen** erleichtern die Orientierung. Stetig bergab öffnen sich immer bessere Ausblick auf die Portella Colla mit dem Cervi-Massiv, den See von Pia-

no Zucchi und den Golf von Termini Imerese.

Von oben stoßen wir auf einen weiteren querenden Weg, dem wir wieder nach links folgen und bei einem Parkplatz auf die Asphaltstraße treffen. Auf dieser nach links haben wir nach ca. 1 km wieder den Ausgangspunkt auf der **Ebene von Piano Battaglia** (3.30 Std.) erreicht.

Aussicht vom Pizzo Carbonara

Botanische Raritäten

Durch den Vallone Madonna degli Angeli zu den letzten Nébrodi-Tannen

Vorbei an den Flanken des Monte Quacella mit Ausblicken auf das sizilianische Hügelland geht es in das Tal der Engelsmadonna. Hier stoßen wir auf die letzten Exemplare einer endemischen Tannenart.

DIE WANDERUNG IN KÜRZE

++ Anspruch	**Charakter:** Mittelschwere Rundwanderung meist durch freies Gelände und Buchenwälder; kaum größere Steigungen
2.30 Std. Gehzeit	**Markierung:** Gelegentlich rote Zahlenmarkierung
	Ausrüstung: Windschutz
7 km Länge	**Wanderkarte:** Carta dei Sentieri e del Paesaggio 1:50 000, Cefalù – Madonie

Einkehrmöglichkeiten: Keine

Anfahrt: Mit dem Auto von Polizzi Generosa auf der S.P. 119 in Richtung Portella Colla/Piano Battaglia. 400 m nach dem Kilometerschild 8 am rechten Straßenrand auf der Höhe eines Metalltores parken.

Information: s. Tour 16

Die Wanderung beginnt an einem der Durchlässe neben dem **Tor der Forstverwaltung.** Vorbei an einem Hinweisschild des Madonien-Parks, steigt der breite Naturweg parallel zur Asphaltstraße gemächlich an. Der Mischwald aus Buchen, Kiefern und Tannen gibt immer wieder den Blick frei auf die schroffen Felsabbrüche zwischen Monte Mùfara und Monte Quacella. Bereits im späten Frühjahr empfiehlt es sich, hier der Botanik besondere Aufmerksamkeit zu schenken: Neben violetten Glockenblumen, weißem Sandkraut und Immerblütigen Schleifenblumen wachsen hier auch Orchideenarten wie die Halbmond-Ragwurz. Aber auch endemische Arten wie das Nébrodi-Veilchen oder das gelbblühende Nébrodi-Steinkraut haben eine ökologische Nische gefunden.

Nach einer Rechtskehre öffnet sich der Blick auf die Weite des innersizilianischen Hügellandes, aus dem immer wieder himmelstürmende Felsflanken herausragen. In westlicher Richtung erkennt man die mächtige Rocca Busambra. In einer Linkskurve bietet sich ein Panorama wie in einem Gemälde von Caspar David Friedrich. Einsam wächst ein Felsen aus der Landschaft, und vom Dunst verklärt breiten sich im Hintergrund die endlosen Felder zu Füßen der Madonien aus. Majestätische Ruhe liegt über den Bergen, nur unterbrochen vom pfeilschnellen Flügelschlag eines Raubvogels.

An einer Abzweigung (30 Min.) schlängelt sich links der Forstweg in weiten Kurven die Hänge des Monte Quacella hinauf. Wir folgen hier dem rechten, schmaleren Weg über einen

Eine der letzten Nébrodi-Tannen

Holzsteg. Zur Talseite durch einen Zaun gesichert, steigen wir über Stufen nach oben, bevor es dann hinuntergeht in das **Tal der Engelsmadonna (Vallone Madonna degli Angeli)**. Durch das meist trockene Bachbett hindurch führt unser Weg hinauf zu einem dichten Buchenwald. Schon fast an der Grenze

zum Wald steht auf der linken Seite eine der letzten Nébrodi-Tannen. Nur etwa 20 Exemplare dieser endemischen Art existieren heute noch. Sie sind vermutlich ein Relikt aus der Tertiärzeit.

Nach rechts in den dichten Buchenwald hinein, steigt der Weg in zahlreichen Windungen an. Auf einer

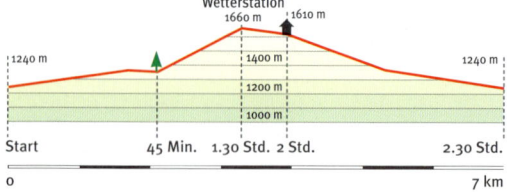

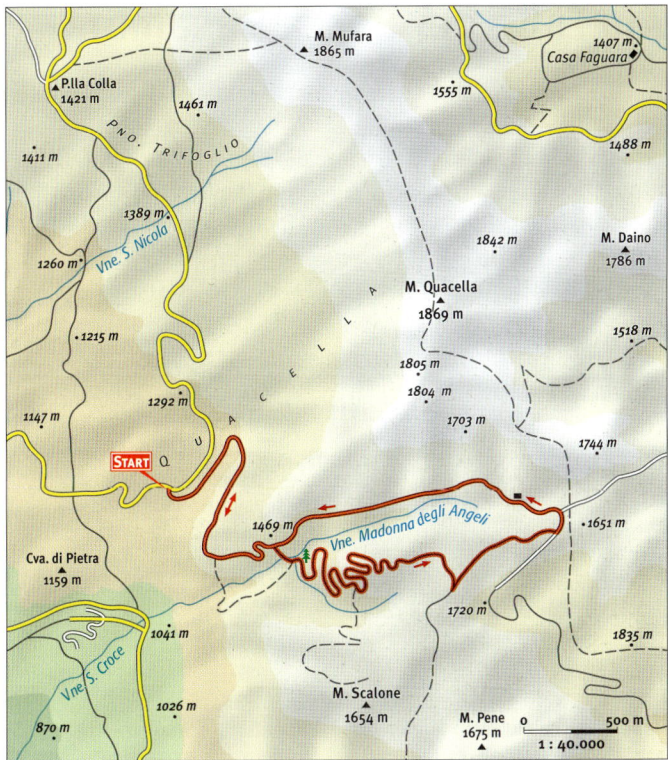

Lichtung erblickt man etwas oberhalb wieder einige Exemplare dieser seltenen Tannenart, die alle katalogisiert und von einem Steinmäuerchen geschützt sind.

Über kleinere Geröllfelder hinweg, durchqueren wir einen Wald aus niedrigen Kiefern. Nicht selten begegnet man freilebenden Schweinen, die hier im Unterholz stöbern. Auf einer Anhöhe mit einer **Wetterstation** auf der linken Seite (1.30 Std.) geht der grasbewachsene Pfad in einen breiten Forstweg über, der uns wieder durch Buchenwälder führt. Unbeirrt von den roten Zahlenmarkierungen und einer Abzweigung nach rechts folgen wir dem Hauptweg, der kurz darauf auf einen größeren Forstweg stößt. Während man rechts zur Contrada Canna und zum Monte Quacella kommt, halten wir uns links. Ein Häuschen mit frischem Wasser und Sitzbänken bietet einen idealen Rastplatz (2 Std.). Der Weg fällt jetzt gemächlich ab. Links erstrecken sich die bewaldeten Abhänge des Monte Scalone, an denen man auch einige der besonderen Tannen erkennen kann. Über einige Serpentinen hinunter, treffen wir wieder auf die Abzweigung mit dem Holzsteg. Auf dem breiten Forstweg nach rechts gelangen wir zurück zum **Tor der Forstverwaltung** (2.30 Std.).

Tour 19

Am Fuße der Rocca Busambra

Von der Berghütte Alpe Cucco in das bewaldete Tal des Fanuso

Vom Rifugio Alpe Cucco wandern wir im Schatten der geheimnisumwitterten Rocca Busambra durch den Märchenwald des Fanusotales. Diese Wanderung kann durch den Aufstieg auf die Rocca Busambra noch um einen Höhepunkt bereichert werden.

DIE WANDERUNG IN KÜRZE

+
Anspruch

2 Std.
Gehzeit

6 km
Länge

Charakter: Leichte Rundwanderung; der Aufstieg auf die Rocca Busambra ist anstrengend, die Orientierung etwas schwierig.

Ausrüstung: Fernglas

Wanderkarte: Carta dei Sentieri e del Paesaggio 1:50 000, Corleone – Bosco della Ficuzza

Einkehrmöglichkeiten: Rifugio Alpe Cucco,

Tel. 09 18 20 82 25

Anfahrt: Mit dem Auto von Ficuzza führt eine zunächst asphaltierte, später geschotterte Straße zum Rifugio Alpe Cucco (etwa 6 km), hier gibt es Parkmöglichkeiten.

Vom **Rifugio Alpe Cucco** kehren wir zunächst auf die Schotterstraße zurück und folgen dieser nach links. Auf der rechten Seite sieht man die mächtig aufragenden Steilwände der Rocca Busambra (um die Rocca zu besteigen, s. Variante) und links den Ort Godrano. An der kurz darauf folgenden Weggabelung wenden wir uns nach rechts und kommen auf der ansteigenden, breiten Forststraße in einen lichten Wald aus Ahorn, Stein- und Flaumeichen.

Variante: Die Wanderung läßt sich mit dem anstrengenden, aber lohnenswerten Aufstieg auf die Rocca Busambra verbinden. Da diese Variante größtenteils im weglosen Gelände verläuft, sei sie nur erfahrenen Wanderern ans Herz gelegt.

Statt auf einer langgestreckten Weidefläche durch ein Gatter nach links abzuzweigen (ca. 100 m vor einer einzelnen Eiche, 30 Min.) folgen wir weiterhin dem Hauptweg. Vor uns liegt der Pizzo di Casa, an

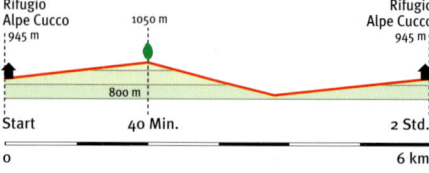

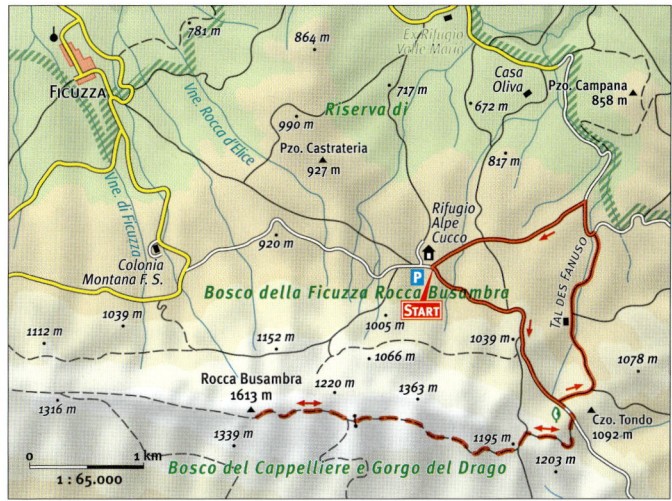

dem sich etwas unterhalb des Gipfels ein Feuerwachturm befindet. Links öffnet sich der Blick auf die Dörfer Cefalà Diana, Villafrati und Ventimiglia di Sicilia. Kurz nach einem Gatter, der Weg ist hier abfallend, verlassen wir über einen Durchlaß im Zaun den Hauptweg nach rechts. Auf einem schmalen, undeutlichen Pfad gewinnt man durch einen lichten Wald schnell an Höhe. Bei einer ausgedehnten Weidefläche angekommen, hält man sich rechts, bis man wieder auf einen kaum erkennbaren Pfad stößt, der über verkarstetes Gelände direkt auf die Rocca Busambra zuführt. Nach einem Weidegatter (1.30 Std.) setzt sich der Weg geradeaus fort. An dieser Stelle hat man durch einen Felseinschnitt auf der rechten Seite einen Blick hinunter auf den Bosco della Ficuzza. Immer wieder weisen nur noch schwache **rote Markierungen** den rechten Weg. Aber auch ohne diese Markierungen ist die Orientierung nicht allzu schwierig: immer etwas unterhalb des Gipfel-

grates steigen wir in leicht westlicher Richtung auf. Vorbei an einem Geländetrichter, wendet sich der weiterhin teils rot markierte Weg jetzt nach Norden direkt auf den Gipfel zu (auf der linken Seite erkennt man im Tal ein Gehöft). Durch steiniges Gelände führt der Weg jetzt in zahlreichen Serpentinen bis zum Gipfel hinauf. Über einen kleinen Kamm gelangen wir in eine Senke, die sich direkt hinter dem eigentlichen Gipfel befindet.

Ein trigonometrisches Zeichen markiert den höchsten Punkt der **Rocca Busambra** (1613 m; 2 Std.). Von hier hat man einen Ausblick, wie man ihn sonst nur vom Flugzeug aus genießt. Ficuzza liegt direkt zu unseren Füßen, dahinter der Lago di Scanzano, weiter im Osten zunächst Godrano und dann Cefalà Diana, Villafrati und Baucina. Bei klarer Sicht reicht der Blick von der Nordküste Siziliens bis zum Ätna im Osten.

Um die Hauptwanderung fortzusetzen, kehrt man auf dem gleichen Weg bis zur Forststraße zurück.

Blick von der Rocca Busambra

Wieder auf der langgestreckten Weidefläche verlassen wir diese durch ein Gatter nach links (bzw. von der Variante aus betrachtet nach rechts, ca. 100 m nach einer einzelnen großen Eiche, 30 Min.). Ohne deutlichen Weg quer über eine Wiese treffen wir am Waldrand auf einen sanft abfallenden Weg, der gleich darauf in den Eichenwald hineinführt. In einer Linkskurve lohnt sich ein kurzer Abstecher vom **teilweise blau markierten Weg.**

Zwischen einigen Felsen auf der rechten Seite führt ein teils dicht überwachsener Weg zu einem Aussichtspunkt. Vor uns öffnet sich ein herrlicher Blick auf die Valle Cerasa, das bevorzugte Jagdgebiet der Raubvögel, die in den Felsen der Busambra ihre Nistplätze haben.

Wieder auf den Hauptweg zurückgekehrt, halten wir uns rechts. Der Pfad folgt jetzt einem Flußlauf durch eine dichte Vegetation von Farnen, Hundsrosen, Mäusedorn und vereinzelt mit Efeu überwucherten Zerr- und Flaumeichen. Im Herbst kann man hier auch auf manche Waldschnepfe treffen. Auf einer Lichtung bietet sich nach links wieder der Blick auf die beeindruckende Rocca Busambra. Wie ein verzauberter Märchenwald erstreckt sich vor uns das **Tal des Fanuso.** Immer den Flußlauf entlang, überqueren wir eine Lichtung und kommen an ein verfallenes Haus mit einer Tränke (1 Std.). Auf dem stellenweise etwas schwer erkennbaren Weg weiter abwärts queren wir mehrmals den Bachlauf. Über ein Gatter, durch teils unwegsames Gelände, münden wir nach einem weiteren Gatter nach links in eine Forststraße. Vorbei an einem rechts abzweigenden Weg, durchqueren wir einen schattigen Ahorn- und Eichenwald mit einem schönen Ausblick auf Godrano, das Tal des Agnese und das Kastell von Cefalà Diana. Nach einer grünen Durchfahrsperre sieht man auf rechts auch schon das **Rifugio Alpe Cucco.** Auf dem Schotterweg weiter geradeaus gelangen wir wenig später wieder zu unserem Ausgangspunkt (2 Std.)

Die Freuden des Königs

Von Godrano zum Gorgo del Drago und Pulpito del Re

Von Godrano wandern wir auf den Spuren des Bourbonenkönigs Ferdinand IV. zum Gorgo del Drago. Beim Fischfang und beim Jagen im Wald von Ficuzza entspannte er sich von seiner turbulenten Herrschaft in Neapel.

DIE WANDERUNG IN KÜRZE

++
Anspruch

Charakter: Leichte Rundwanderung über Waldwege, Pfade, Forst- und Asphaltstraßen; Orientierung teilweise schwierig

3.45 Std.
Gehzeit

Wanderkarte: Carta dei Sentieri e del Paesaggio 1:50 000, Corleone – Bosco della Ficuzza

10 km
Länge

Einkehrmöglichkeiten: In der Azienda Agrituristica Gorgo del Drago

Anfahrt: Mit dem Auto auf der S.S. 118 Richtung Marineo, nach ca. 16 km rechts in Richtung Godrano abbiegen. Am ehemaligen Bahnhof (hinter dem Friedhof) parken.
Ein **A.S.T.-Bus** fährt von Palermo (Stazione Centrale, Via Balsamo) nach Godrano (Infos unter Tel. 09 16 80 00 38).

Vom **ehemaligen Bahnhof Godrano** folgen wir der Asphaltstraße Richtung Godrano. Kurz hinter einer Tränke zweigen wir nach links durch ein Gatter auf einen ansteigenden Feldweg ab. Vorbei an einem Gehöft, stoßen wir auf eine Asphaltstraße und wenden uns nach links. In kurzer Folge passieren wir zwei **Aziende Agrituristiche,** die beide den Namen ›Gorgo del Drago‹ tragen. An der zweiten Azienda beginnt rechts, zwischen einer Pferdekoppel und dem Parkplatz, ein schmaler Pfad, der über ein Gatter hinweg in einen Wald hinaufführt. Noch vor knapp 50 Jahren erstreckte sich in diesem Gebiet eine baumlose Weidefläche. Dank gezielter Wiederaufforstungen dehnt sich heute hier wieder eine zusammenhängende Waldfläche aus.

Jenseits einer Forststraße liegt mitten im Wald der **Gorgo del Drago** (›Drachenstrudel‹; 40 Min.). Hierher zog sich der Bourbonenkönig Ferdinand IV. von seinem politischen Alltag und den Jagdabenteuern zurück, um sich beim Fischfang zu entspannen. In eigens dafür angelegten Becken züchtete er Schleien und Forellen, die dann im Teich wieder ausgesetzt wurden. Der Fischteich ist heute weitgehend ausgetrocknet, nicht so der benachbarte **Gorgo Lungo.** Dort kann man noch einen Eindruck der einstigen Flora gewinnen, die aus Pappeln, Ulmen, Weiden, Schilfrohr und einem Dickicht von Farnen bestand.

Zum Gorgo Lungo folgen wir den zahlreichen Pferdespuren, die links des Gorgo del Drago, auf der Höhe

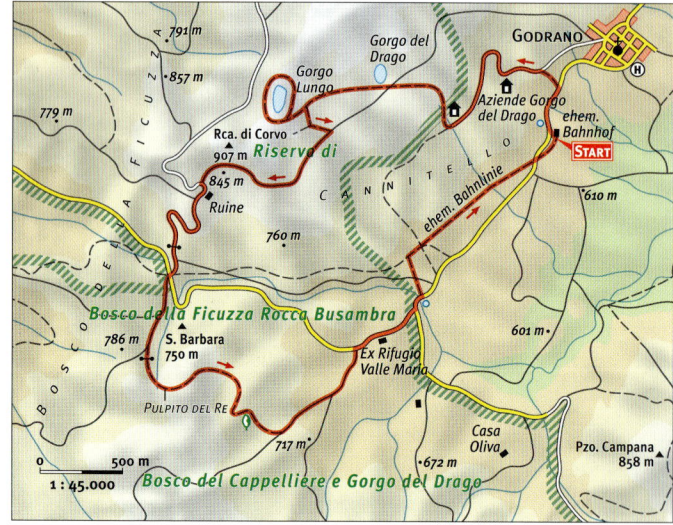

einer königlichen Hausruine, in Richtung Westen in den Wald hineinführen.

Wie verwunschen, liegt der kleine See im Schatten der Bäume. Auch in den regenärmsten Sommern trocknet er nur sehr selten aus. Heute allerdings tummeln sich hier weniger Fische, als vielmehr unzählige Frösche.

Haben wir den Gorgo umrundet, folgen wir für ca. 50 m dem Hinweg und biegen dann, in einem Eukalyptuswald, bei der ersten Gelegenheit nach rechts ab. Der Pfad wird schnell breiter und mündet auf einer Lichtung auf einen querenden Weg. Hier

nach links, treffen wir wieder auf die zuvor überquerte Forststraße, der wir jetzt nach rechts folgen. Immer wieder tauchen, durch den Wald hindurch, die steilen Felswände der Rocca Busambra auf. Zu ihren Füßen liegen die Ortschaft und der Wald von Ficuzza.

Durch einen lichten Wald aus Kiefern, Eschen und Eichen, aus dem manchmal das Klopfen des Buntspechts widerhallt, halten wir uns an einer Weggabelung mit einem verfallenen Haus links (1.15 Std.) und überqueren nach einem Eisentor eine Asphaltstraße. Der bequeme Forstweg setzt sich auf der anderen

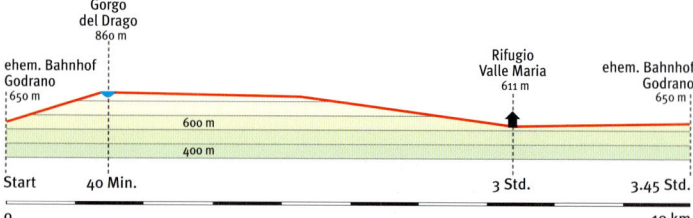

Straßenseite fort und führt zu einer Abzweigung bei einem gewaltigen Felsblock. Über eine Durchfahrsperre hinweg, folgen wir einem breiten Waldweg nach links. Im dichten Unterholz des Eichenwaldes blühen Weißdorn, Hundsrosen, Mäusedorn und im Frühjahr auch Alpenveilchen und weiße und rote Pfingstrosen. Nach einem kurzen Anstieg kommen wir auf ein Plateau, das als Köhlerplatz dient (2 Std.). Nach rechts folgen wir hier einem schmalen Pfad und stehen nach wenigen Metern am **Pulpito del Re** (›Königskanzel‹). Bourbonenkönig Ferdinand IV. lag hier auf der Lauer, um Jagd auf Wildschweine, Wölfe, Füchse und Rehe zu machen. Heute findet man im Wald von Ficuzza lediglich noch den Fuchs, alle anderen Tierarten sind ausgerottet.

Bevor wir die ›Königskanzel‹ verlassen, lohnt sich noch ein kleiner Abstecher. Hierzu lassen wir den Pulpito del Re rechts liegen und folgen einem ansteigenden Trampelpfad in südlicher Richtung. Nach 5 Min. haben wir einen Aussichtspunkt erreicht, von dem wir einen herrlichen Blick auf das bewaldete Valle di Maria, die kleinen Orte Godrano, Cefalà Diana und Villafrati sowie den Wald von Ficuzza und die beeindruckende Rocca Busambra genießen.

Zurück folgen wir dem Hinweg, vorbei am Pulpito del Re bis zum Plateau. Hier halten wir uns rechts. In leichten Serpentinen kommen wir, vorbei an einer Tränke, auf eine ausgedehnte Weidefläche. Bei einer Gruppe von Korkeichen wählen wir den breiten Fahrweg nach rechts. Über einige Weidegatter gelangen wir auf eine nicht asphaltierte Straße, der wir nach links folgen (3 Std.). Der Weg mündet in die Landstraße nach Godrano. Hier halten wir uns rechts und gelangen, vorbei am verfallenen **Rifugio Valle Maria,** zu einer großen Tränke auf der rechten Seite. Direkt gegenüber führt ein schmaler Pfad auf einen Eukalyptuswald zu. Über ein Gatter und einen kleinen Bachlauf hinweg, folgen wir dem Verlauf des Zauns auf der rechten Seite und steigen ohne deutlichen Weg einen Hang hinauf. Nach diesem kurzen Anstieg stoßen wir auf die **Trasse der ehemaligen Eisenbahnlinie,** die Corleone über Godrano bis nach Palermo führte. Die einstigen Bahnschwellen haben auch heute noch eine sinnvolle Verwendung – als Pfosten für Zäune. Hier nach rechts, nähern wir uns, vorbei an bewirtschafteten Feldern, Weideflächen und Landhäusern, wieder der Stadt Godrano. Kurz darauf überqueren wir die Landstraße und kommen wieder an den Ausgangspunkt am **alten Bahnhof** (3.45 Std.).

Der Wald um Ficuzza

Im Bosco del Cappelliere

Rauschende Wälder, tief eingeschnittene Täler, malerische Korkeichen und wilde Birnbäume: Eine Wanderung durch die einst königlichen Wälder von Ferdinand IV.

Vorbei an einem Pfosten mit der Aufschrift ›Finaiti und Caserma Cozzo 750-877m‹ und einem SI-Wanderwegweiser ›Bivio Gorgo del Drago. Bivio Torre del Bosco. Val dei Conti‹ gelangen wir zu einem Eisentor. An diesem vorbei folgen wir dem Naturweg bergan. An einer Weggabelung mit einer Hausruine auf der rechten Seite, folgen wir den SI-Wegweisern ›Bivio Torre del Bosco.

Val dei Conti‹ auf dem ansteigenden Forstweg nach links. Entlang der westlichen Ausläufer der Rocca di Corvo erreichen wir kurz darauf den höchsten Punkt der Wanderung (870 m). Vorbei an der Abzweigung zum Torre del Bosco, einem Feuerwachturm, folgen wir den SI-Hinweisen ›Bosco del Cappelliere. Val dei Conti. Vallone Arcera‹. Wenige Meter weiter verlassen wir den Hauptweg

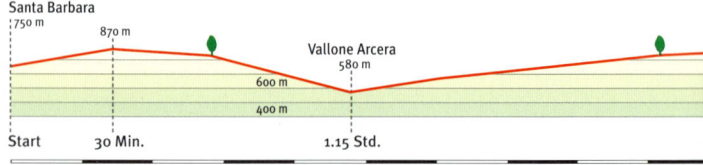

Santa Barbara
750 m
870 m
Vallone Arcera
580 m
600 m
400 m

Start | 30 Min. | 1.15 Std.

0

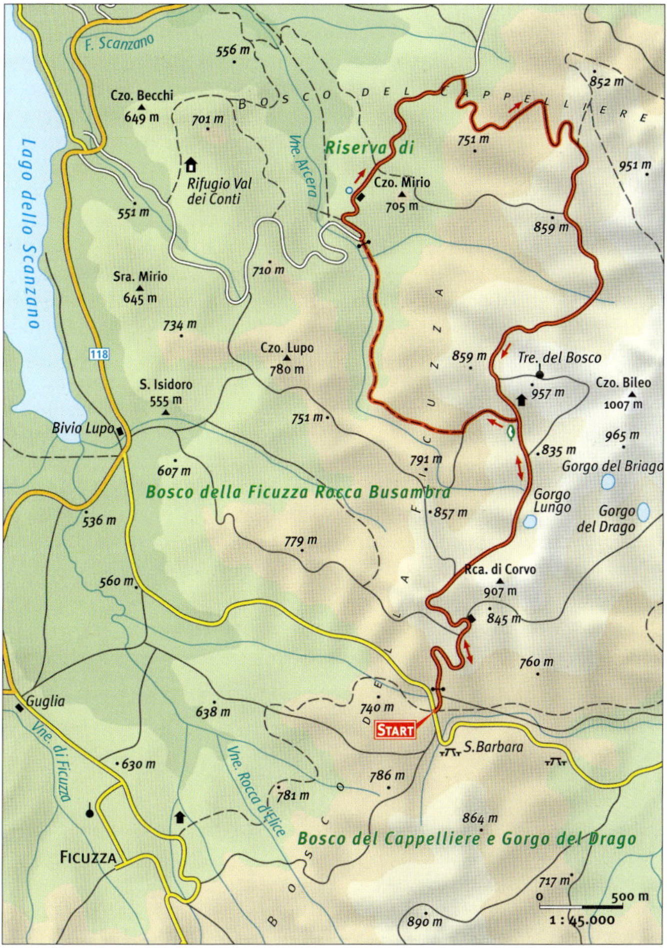

Map content:

F. Scanzano
556 m
Czo. Becchi
649 m
701 m
B O S C O D E L C A P P E L L I E R E
852 m
Riserva di
751 m
951 m
Rifugio Val dei Conti
551 m
Czo. Mirio
705 m
859 m
Sra. Mirio
645 m
710 m
734 m
Vne. Arcera
118
Czo. Lupo
780 m
859 m
Tre. del Bosco
Czo. Bileo
1007 m
S. Isidoro
555 m
957 m
965 m
Bivio Lupo
751 m
.835 m
Gorgo del Briago
607 m
Bosco della Ficuzza Rocca Busambra
791 m
Gorgo Lungo
Gorgo del Drago
536 m
·857 m
779 m
560 m
Rca. di Corvo
907 m
845 m
760 m
Guglia
638 m
740 m
START
S. Barbara
·630 m
786 m
Vne. di Ficuzza
Vne. Rocca d'elice
781 m
864 m
FICUZZA
Bosco del Cappelliere e Gorgo del Drago
717 m
0   500 M
1 : 45.000
890 m

---

nach links in Richtung ›Val dei Conti‹ (45 Min.). Vorbei an zahlreichen

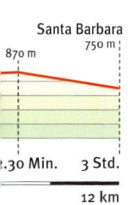

Santa Barbara
870 m   750 m
.30 Min.   3 Std.
12 km

Birnbäumen und einer sehr schön gewachsenen Korkeiche, führt der Weg zunächst auf eine markante Felsspitze zu. Links öffnet sich der Blick auf die Rocca Busambra und den Ort Ficuzza. Noch vor der Felsspitze wendet sich der Weg dann nach links und fällt in den **Vallone Arcera** ab. An einer Gabelung nach rechts, folgen wir dem Bachlauf zur Linken. Der dichte Mischwald ermöglicht nur vereinzelt den Blick auf den Cozzo Lupo auf der linken Seite. Sein Name erinnert noch heute daran, daß hier einst auch Wölfe hausten. Die letzten fielen Mitte des 19. Jh. der Jagdleidenschaft zum Opfer.

Zunächst über eine kleine Brücke auf die linke Bachseite, wechselt der Hauptweg ›Val dei Conti‹ wenig später durch eine Furt wieder auf die rechte Seite des Vallone del Arcera. Jenseits einer grünen Durchfahrsperre treffen wir auf einen größeren Forstweg und verlassen den Sentiero d'Italia in Richtung ›Caserma Forestale Massariotta, Marineo, Percorso non segnato‹ nach rechts. An der Gabelung unmittelbar darauf halten wir uns wieder rechts. Mit zunehmender Steigung schlängelt sich der Forstweg unterhalb des Cozzo Mirio durch den **Bosco del Cappel-**liere mit seinen zahlreichen Korkeichen. Vorbei an einer Tränke und einem rosafarbenen Haus, gelangen wir zu einer beschilderten Weggabelung (1.30 Std.). Während der linke Weg zu den Boyscouts Massariotta führt, halten wir uns rechts in Richtung ›Torre del Bosco und Valle Chianca‹. Weiterhin stetig bergauf zeichnet sich in der Ferne die auffällige Spitze des Pizzo Corvo ab. Immer wieder erheben sich erstaunt einige Kühe beim Anblick der ungewohnten Besucher. Knapp eine Stunde wandern wir so bergauf, bis wir wieder an die Abzweigung gelangen, an der wir vor 1.40 Std. den Forstweg verlassen haben. Vorbei an der Abzweigung zur Torre del Bosco und der Weggabelung mit der Hausruine gelangen wir wieder zum Ausgangspunkt **Santa Barbara** (3 Std.).

Zwischen Ficuzza und Corleone

Zum ›schönen Frauenzimmer‹

Der alte Pilgerpfad auf den Monte Pellegrino

Schon Goethe war vom »schönsten Vorgebirge der Welt« fasziniert. Aber noch mehr hatte es ihm die Stadtpatronin Palermos, die hl. Rosalia, angetan, als er ihre Statue im Sanktuarium auf dem Monte Pellegrino bewunderte.

DIE WANDERUNG IN KÜRZE

+
Anspruch

3.30 Std.
Gehzeit

9 km
Länge

Charakter: Einfache Wanderung über steingepflasterte Wege, Asphalt und einen Pfad, der besonders bei Feuchtigkeit Trittsicherheit erfordert.

Wanderkarte: Carta dei Sentieri e del Paesaggio 1:50 000, Palermo – Montagne della Conca d'Oro

Einkehrmöglichkeiten: Bars unterhalb des Sanktuariums der hl. Rosalia auf dem Monte Pellegrino

Anfahrt: Mit dem Bus 139 oder mit dem Auto ab Hauptbahnhof Palermo bis zur Piazza Generale Cascino . Zurück mit Bus 645 oder 614 bis Piazzale De Gasperi dort umsteigen in Bus 101 in die Innenstadt oder Bus 603 zur Piazza G. Cascino

Vom östlichen Ende der **Via I. Rabin** in Palermo führt die Via Santuario di Monte Pellegrino in Serpentinen steil bergauf. Die Anstrengung lohnt sich, immer besser wird der Blick auf die Conca d'Oro, die ›Goldene Muschel‹, wie Palermo einst genannt wurde, als die Stadt noch von blühenden Zitronen- und Orangenhainen umgeben war.

Im Scheitel einer Rechtskurve treffen wir auf einen kleinen **Schrein zu Ehren der hl. Rosalia** (30 Min.). Hier konnten die Pilger auf ihrem Weg zum Sanktuarium erste Gebete sprechen oder sich auf einigen Steinbänken ein wenig von der Mühe des Aufstiegs erholen.

Mehrmals überqueren wir jetzt die Asphaltstraße – die heutige Pilgerstraße der Palermitaner. Denn pilgern tun sie alle, aber eben nicht zu Fuß. Durch einen lichten Kiefernwald steigen wir weiter nach oben. Rechts steigt das teils verkarstete Gelände steil auf zum eigentlichen Gipfel des Monte Pellegrino. Der Wald aus Kiefern ist sehr licht, der aus Antennen dagegen dicht, könnte hier der Wahlspruch sein. Linker Hand fällt der Blick hinab auf Trabantenstädte, die sich wie Jahresringe um das historische Zentrum von Palermo schnüren.

An einer Kreuzung nach links, treffen wir auf den ›Autopilgerweg‹, dem wir bis zum **Parkplatz des Heiligtums** folgen (1 Std.). Zahlreiche Erfrischungsstände und Souvenirläden beleben den Platz.

Vor allem an Sonntagen strömen Tausende von Palermitanern hierher.

Tour 22

Blick auf die Marina von Mondello

Auf dem Platz herrscht Volksfest-stimmung. Nicht so aber im Heilig-tum. Über wenige Stufen zur Rechten gelangt man durch eine Fassade aus dem frühen 17. Jh. in eine Karstgrot-te, die wahrscheinlich schon in der Antike eine Kultstätte war. Heute wird man in den Bann der Rosalia ge-schlagen. Nur das Gemurmel von Ge-beten ist zu vernehmen. In einem Schrein ruht die **Statue der hl. Rosa-lia.** Hände und Kopf aus Marmor, das Gewand aus vergoldetem Silber, so liegt sie da und begeisterte schon Goethe zutiefst. Eine Gedenktafel er-innert an den Besuch des großen Italienreisenden. Neben zahlreichen Votivgaben fällt eine sehr interessan-te Konstruktion aus Blechrohren auf. Mit ihrer Hilfe wird das Sickerwasser aufgefangen, dem heilende Kräfte zu-gesprochen werden.

Wieder ans Tageslicht zurückge-kehrt, halten wir uns rechts. An einer Gabelung wieder rechts. Für kurze Zeit folgen wir der Asphaltstraße. Nach einem eingefriedeten Areal mit Metalltor zweigt links ein Feldweg ab. Zunächst am Waldrand entlang, schwenkt der Weg nach einem Me-tallgatter in einen Kiefernwald. Nach dem Jahrmarktstrubel vor und dem Andachtsgemurmel im Heiligtum ge-nießen wir hier eine friedliche Ruhe – sofern nicht Sonn- oder Feiertag ist und ganz Palermo sich zum Picknick auf dem Monte Pellegrino trifft.

Über ein Holzgatter (1.30 Std.) tre-ten wir auf eine Lichtung. Nach rechts öffnet sich der Blick zum Meer und reicht bei klarer Sicht bis zur In-sel Ustica. An einer Weggabelung auf dieser verkarsteten Hochebene halten wir uns rechts. Hinter einem Gatter beschreibt der Hauptweg zunächst abfallend, dann wieder an-

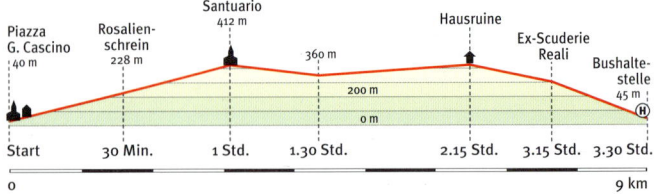

Piazza G. Cascino 40 m · Start | Rosalien-schrein 228 m · 30 Min. | Santuario 412 m · 1 Std. | 360 m · 1.30 Std. | 200 m · 0 m | Hausruine · 2.15 Std. | Ex-Scuderie Reali · 3.15 Std. | Bushalte-stelle 45 m · 3.30 Std.

0   9 km

steigend einen Halbkreis gegen den Uhrzeigersinn und trifft dann auf einen Talschnitt, der den Blick freigibt auf die **Marina von Mondello.** Ein kleiner Abstecher führt am linken Rand dieses Taleinschnitts entlang zu einem deutlich sichtbaren Felssporn an dem das Gelände scharf abbricht. Unter uns liegt Mondello, die ›kleine Welt‹, wie der Badeort von Palermo liebevoll genannt wird. Eingebettet zwischen Monte Pellegrino und Capo Gallo, findet man hier einen traumhaft schönen Sandstrand.

Wieder auf dem Hauptweg, folgen wir diesem weiter nach rechts. An einem querenden Weg halten wir uns

links und passieren kurz darauf eine Viehtränke (2 Std.). Vorbei an einem gemauerten Pfosten treten wir durch ein Gatter auf die Asphaltstraße. Auf dieser 20 m nach links (würden wir auf der Straße bleiben, kämen wir nach 5 Minuten wieder zum Rosalia-Heiligtum) und durch ein Holztor wieder nach rechts, folgen wir einem steingepflasterten Weg bis zu einer **Hausruine** (2.15 Std.). Die Hausruine im Rücken, öffnet sich vor uns bereits der Taleinschitt des **Vallone del Porco**. Wir folgen zunächst einem der zahlreichen Pfade in Richtung Taleinschnitt und treffen nach kaum 100 m wieder auf einen deutlichen Weg. Zunächst am rechten Rand des

Taleinschnitts, später auf die andere Seite wechselnd, führt dieser steiler bergab. Jetzt ist Trittsicherheit gefragt. Während zu unseren Füßen bereits der **Parco della Favorita** sichtbar wird, ragen die Felswände zu beiden Talseiten steil auf. Durch einen Kiefernwald am Ausgang des Vallone del Porco kommen wir zur **Ex-Scuderie Reali,** den ehemaligen Bourbonischen Stallungen (3.15 Std.). Geradeaus über die Hauptstraße hinweg, überqueren wir nach ca. 200 m eine zweite größere Straße (Viale d'Ercole) und wenden uns nach weiteren 200 m vor dem Eingang zur **Villa Niscemi,** Repräsentationshaus des Bürgermeisters von Palermo, nach rechts. Nach wenigen Minuten stoßen wir auf eine Straße, der wir bis zur **Palazzina Cinese** nach links folgen (3.30 Std.). Etwas links davon befindet sich die Bushaltestelle.

Die Schneehäuser der Adligen

Von Piana degli Albanesi um den Berg La Pizzuta

Ausblicke auf die Conca d'Oro, das Iatotal und Piana degli Albanesi begleiten unsere Wanderung zu den ›Schneehäusern‹ am steil aufragenden Berg La Pizzuta. Hinter Mauern geschützt, stillte der Schnee die Eisleidenschaft palermitanischer Adelsfamilien.

DIE WANDERUNG IN KÜRZE

++
Anspruch

3.30 Std.
Gehzeit

9 km
Länge

Charakter: Mittelschwere Rundwanderung mit teils kurzen, aber steilen An- und Abstiegen; Wegverlauf meist im schattenlosen Gelände, teilweise Trittsicherheit erforderlich

Markierung: Rot-weiße bzw. gelb-grün-gelbe Markierungen, Wegweiser

Ausrüstung: Stöcke für den Abstieg

Wanderkarte: Carta dei Sentieri e del Paesaggio 1:50 000, Palermo – Montagne della Conca d'Oro; Plan der A.A.P.I.T. Palermo Percorsi storici e naturalistici della Valle dello Iato

Einkehrmöglichkeiten: In Piana degli Albanesi

Anfahrt: Mit dem Auto von Palermo auf der Schnellstraße Palermo–Sciacca S.S. 624 bis Altofonte, dann der ausgeschilderten Straße bis Piana degli Albanesi (28 km) folgen. **Ein Bus** verkehrt zwischen Piana degli Albanesi und Palermo. Abfahrt in Palermo am Anfang der Via Paolo Balsamo. Informationen bei der Busgesellschaft Prestia e Comandè, Tel. 0 91 58 04 57.

Von der **Piazza Vittorio Emanuele** im Zentrum von **Piana degli Albanesi** folgen wir den **rot-weißen Hinweisschildern SI** (Sentiero d'Italia). Zunächst noch im Ort, erreichen wir auf steilem Weg die der **SS. Madonna dell'Odigitria** geweihte Kirche aus dem 15. Jh. Ein Plan der A.A.P.I.T. Palermo informiert über die im Bereich zwischen Piana degli Albanesi und S. Giuseppe Iato angelegten und markierten Wanderwege. Die Kirche zur Linken, folgen wir auf einem rasch ansteigenden Naturweg den rot-weißen Markierungen. Weidegatter kreuzen immer wieder unseren Weg. Auf der Höhe der links aufragenden Felswände zweigt rechts ein schmaler, rot-weiß markierter Pfad ab (45 Min.). Über die teils wieder aufgeforsteten Flanken der Costa di Carpineto hinweg erkennen wir nordöstlich das Heiligtum Madonna di Bosci. Vorbei an einem Bunker aus dem Zweiten Weltkrieg gelangen wir auf den Sattel der **Portella del Garrone** und lassen Piana degli Albanesi hinter uns. In westlicher Richtung erkennt man den Pizzo Mirabella, mit seinen 1165 m nur etwas höher als unser Standpunkt auf der Passhöhe. In diese Richtung führt nun der rot-weiß markierte Pfad durch fruchtbares Weideland stetig bergab. Zur linken erheben sich die verkarsteten Spitzen von La Pizzuta und Cozzo di Frantantoni. In der Ferne erkennt man Palermo, begrenzt vom Monte Pellegrino und dem im Sonnenlicht glitzernden Meer. Im Landesinneren liegt die Bischofsstadt Monreale, deren Ländereien einst bis weit in dieses Gebiet reichten. Vorbei an einigen Häusern erreichen wir, inzwischen auf einem breiten Weg, die mit Trinkwasser gespeiste Tränke **Abbeveratoio della Targia** (1.15 Std.). Von hier folgen wir dem zunächst geschotterten, später zementierten Forstweg (Percorso Scala della Targia) nach links.

Kurz hinter einem grünen Gatter und einem Schild der Forstverwaltung zweigt auf der rechten Seite der Sentiero d'Italia ab. Wir bleiben auf dem Hauptweg und folgen jetzt den **gelb-grün-gelben Markierungen**. In westlicher Richtung liegt dicht bewaldet der antennenbekrönte Monte Bonifato und zu seinen Füßen die Weinstadt Alcamo. Auf der Hochebene von Piano Frantantoni angelangt, gabelt sich der Weg direkt vor einem Wasserreservoir und einem Hubschrauberlandeplatz. Wir folgen dem linken Weg in ein Waldstück

hinein. Den kurz darauf links abzweigenden Percorso delle Neviere lassen wir unbeachtet. An lichteren Stellen bietet der Wald der Serra del Frassino immer wieder herrliche Ausblicke auf das Iatotal mit den Ortschaften S. Giuseppe Iato und San Cipirello. Kurz darauf lädt ein Unterstand mit Quelle zu einer kleinen Rast. An einer Abzweigung führt der rechte Weg weiter zur Portella della Ginestra.

Variante: Fleißige Wanderer werden einen Abstecher zur geschichtsträchtigen **Portella della Ginestra** unternehmen wollen. Für den Weg vorbei an den Flanken des Maya e Pelavet benötigt man ab der Abzweigung nach dem kleinen Unterstand ca. 1.40 Std. hin und zurück.

Die Portella ging in die italienischen Geschichtsbücher wegen eines Blutbades ein, das der bis dahin in der Bevölkerung als sizilianischer Robin Hood verehrte Bandit Salvatore Giuliano hier im Auftrag der mit den Christdemokraten kungelnden Mafia anrichtete. Wie jedes Jahr am 1. Mai, so sollte auch 1947 der Tag der Arbeit auf der Portella della Ginestra mit einem großen Volksfest begangen werden. Auch Redner der kommunistischen Gewerkschaft hatten sich angekündigt. Aus den drei umliegenden Gemeinden Piana degli Albanesi, S. Giuseppe Iato und S. Cipirello waren Bauern, Handwer-

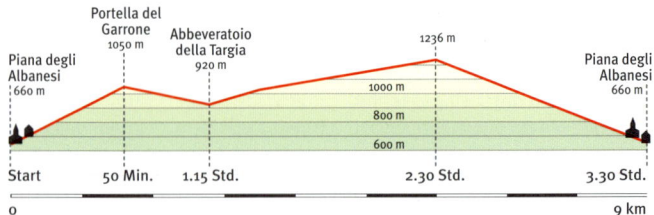

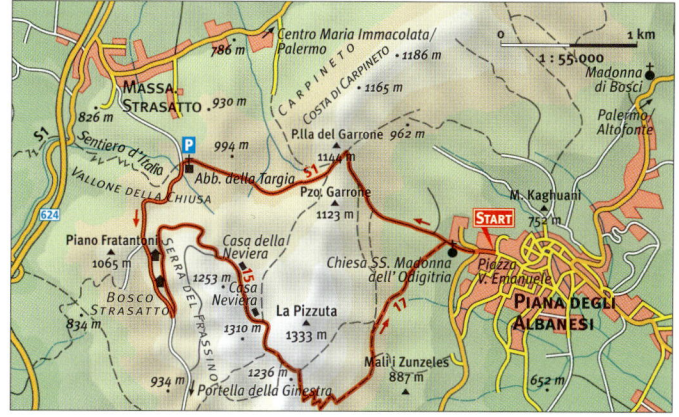

ker, ja ganze Familien mit Picknickkörben zusammengekommen, als von den Hängen des Maya e Pelavet Schüsse fielen. 11 Menschen wurden getötet und 56 verletzt. Noch heute ist dieses Ereignis in der Bevölkerung präsent. In Piana degli Albanesi erzählen Wandmalereien davon, und selbst die Wanderwege verdanken ihre Existenz diesem Ereignis: Sie wurden anläßlich des 50. Jahrestages angelegt.

Wir wenden uns an der Abzweigung nach links und folgen bergauf den Wegweisern Pizzuta, Pizzo Neviere, Maya et Palyet, Serra del Frassino. Von links stößt wieder der Percorso delle Neviere zu uns. Der Wald lichtet sich immer mehr und bietet phantastische Ausblicke auf die Conca d'Oro, die ›Goldene Muschel‹ mit ihren beiden Perlen, Palermo und Monreale. Etwas rechts davon, an den nördlichen Ausläufern der Costa di Carpineto, liegt umgeben von dichtem Wald das Centro Maria Immacolata. An der nächsten Gabelung halten wir uns links (2 Std.) und wandern geradewegs auf den meist windgepeitschten **Sattel unterhalb**

des La Pizzuta zu. Links rücken bereits die ersten Hausruinen der *case neviere* ins Blickfeld. Diese Schneehäuser, deren runde Mauern zum Teil in die Erde eingegraben waren, konservierten das kühle Naß, das während der heißen Sommermonate in die Adelshäuser von Palermo gebracht wurde, wo man es zu erfrischenden *granite* oder *gelati* verarbeitete.

An geeigneter Stelle überqueren wir den Weidezaun nach links und folgen einem der zahlreichen Weidewege hinauf zum höchstgelegenen dieser Schneehäuser (1209 m; 2.15 Std.). Neben einem Hinweisschild *case neviere* verläuft hier auch wieder ein markierter Pfad (Percorso delle Neviere), der gleich darauf zur **Hochebene Piano Neviere** führt. Selbstverständlich ist hier auch der albanische Name vermerkt. Wir folgen den Wegweisern ›Percorso 17; Case delle Neviere/Pizzuta‹ links durch ein Weidegatter hindurch und erreichen wenige Minuten später einen Sattel (2.30 Std.). Aus dem steinernen, mit Gestrüpp überwucherten Schollenmeer weisen uns markierte Holzpfosten den Weg. Bo-

Bei Piana degli Albanesi

tanisch Interessierte werden es nicht versäumen, einen Abstecher an die Nordseite von La Pizzuta zu unternehmen, wo sich ein kleines Wäldchen von Stechpalmen erhalten hat. Grandios der Ausblick: Unter uns liegt Piana degli Albanesi mit dem verzweigten See, und darüber hinweg erkennt man in der Ferne die mächtig aufragende Felswand der Rocca Busambra.

Vom Sattel führt der Weg in zahlreichen Serpentinen nun steil bergab. Der Anfang dieses Weges ist etwas schwer zu erkennen. Man sollte sich möglichst rechts halten und vom letzten Markierungspfosten auf dem Sattel geradeaus Richtung See gehen. Nach wenigen Metern stößt man wieder auf den deutlich markierten Pfad. Durch einen kleinen Kiefernwald hindurch nähern wir uns **Piana degli Albanesi.** An den ersten Häusern und der Chiesa SS. Madonna dell'Odigitria vorbei erreichen wir wieder den Ausgangspunkt der Wanderung (3.30 Std.).

Piana degli Albanesi

Piana degli Albanesi gehört neben Contessa Entellina, Biancavilla und Adrano zu den albanischen Sprachinseln auf Sizilien. Im 15. Jh. durch die türkischen Eroberungszüge auf dem Balkan vertrieben, hatten viele griechisch-orthodoxe Albaner in Süditalien Zuflucht gesucht. Fernab der Küsten lebten sie in geschlossenen Siedlungsgebieten mit wenig Kontakt zur Außenwelt. Seit 1937 ist Piana degli Albanesi Sitz des griechisch-katholischen Bischofs für die in Sizilien lebenden Albaner. Die orthodoxe Tradition mit ihren farbenprächtigen Trachten und Kirchenfesten (z.B. Ostern) ist noch sehr lebendig.

Auf alten Wegen

Von Giacalone nach S. Giuseppe Iato

Als Autobahnen noch unbekannt waren, verlief die Verbindungsstraße zwischen Palermo und Mazzara über die Portella Busino. Durch die Bergwelt des oberen Iatotales folgen wir einem Teil dieses historischen Weges.

DIE WANDERUNG IN KÜRZE

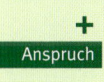

+
Anspruch

3.45 Std.
Gehzeit

10 km
Länge

Charakter: Leichte, aber schattenlose Streckenwanderung über Naturwege und Pfade

Markierung: Meist gelbgrün-gelbe Markierungen

Wanderkarte: Carta dei Sentieri e del Paesaggio 1:50 000, Palermo – Montagne della Conca d'Oro; Plan der A.A.P.I.T. Palermo Percorsi storici e naturalistici della Valle dello Iato

Einkehrmöglichkeiten: Keine

Anfahrt: Mit dem Auto von Palermo auf der S.S. 624

Palermo–Sciacca bis zur Ausfahrt S. Giuseppe Iato. Im Ort das Auto bei der zentralen Bushaltestelle (Corso Umberto I.) parken, mit dem **A.S.T.-Linienbus** weiter nach Giacalone (Info: Tel. 09 16 80 00 38). Dort angekommen, an der zweiten A.S.T.-Haltestelle nach Ortseingang aussteigen. 500 m danach erscheint auf der linken Straßenseite, direkt beim Ortsausgangsschild von Giacalone, das Hinweisschild ›Parcheggio Regia Trazzera della Cannavera‹.

Am Ortsausgang von **Giacalone** befindet sich eine Übersichtskarte mit allen von der A.A.P.I.T. Palermo geschaffenen historischen und naturkundlichen Wanderungen in der Valle dello Iato. Die ausgewiesene Abzweigung führt, zunächst auf noch betoniertem Weg, steil bergauf an den letzten Häusern von Giacalone vorbei. Der vorbildlich markierte Weg war einst Teil eines vielbegangenen Landweges, der Palermo mit Mazzara an der Südküste verband. Noch heute sieht man Überreste der Trockensteinmauern, die den einst

breiten Weg befestigen. Stetig bergauf führt er durch Weideland mit gelbblühendem Stechginster, mauretanischem Riesengras und dichten Brombeerhecken. Während hinter uns der Blick auf Monreale und die Conca d'Oro mit Palermo fällt, erheben sich direkt vor uns die zerklüfteten Spitzen des Pizzo dell'Assolicchiata.

Der deutlich sichtbare Pfad steigt bald nur mehr sanft an und wendet sich leicht nach rechts. Vor uns erkennt man schon deutlich den weiteren Wegverlauf hinauf zur Portella

Busino. Neben den meist kahlen Felsspitzen bietet die Costa Lunga, halbrechts vor uns, mit dichtem Baumbewuchs bis in die Gipfelregion einen angenehmen Kontrast. Unmittelbar vor der **Portella Busino,** auf die wir jenseits eines Gatters gelangen, stößt von links der Sentiero d'Italia hinzu. Auf der Portella öffnet sich zum ersten Mal der Blick auf das innersizilianische Hügelland. Die kleinen Steineichenwälder sind die kläglichen Reste des weitläufigen Königlichen Parks der Bourbonen, der sich hier einst befand. Später mußte der Wald der Landwirtschaft weichen.

Halblinks vor uns taucht der vegetationslose Monte Matassaro Renna auf. Auf jetzt leicht abfallendem Weg kommen wir an einem durch ein Hinweisschild ausgewiesenen kreisrunden Dreschplatz (*aia*) mit den Resten eines Heuschobers vorbei. An einer Weggabelung halten wir uns rechts, der linke Weg führt zur ca. 100 m entfernten Masseria Brivatura mit einer alten Tränke. Während der Frühjahrsmonate und im Herbst kann man hier die Herstellung von Ricotta beobachten. Vorbei an den halbverfallenen **Case Zerbi** auf der rechten Wegseite, öffnet sich vor uns der Blick auf das Iatotal mit den Städtchen S. Giuseppe Iato und San Cipirello. Vereinzelt sieht man am Wegesrand auch die gelb-grün-gelben Markierungen.

Nachdem wir einen eingezäunten Bereich mit einigen Kiefern und den Ruinen der Case Trifirò auf der linken Seite passiert haben, öffnet sich vor uns die fruchtbare Senke um die **Masseria Cannavera.** Zwischen Olivenbäumen und Bruchweiden folgen wir dem Hauptweg, bis dieser hinter einer Hausruine linker Hand nach rechts abknickt und langsam ansteigt. An dieser Stelle zweigt links ein zunächst undeutlicher Weg ab, der direkt auf den Monte Matassaro Renna zuführt. Kaum 100 m nach dieser Abzweigung trifft man wieder auf die bereits vertrauten Markierungen.

Der Weg wendet sich leicht nach rechts und führt jetzt wieder auf den Pizzo Aiello zu. Nach links fällt das Gelände in den Vallone Procura ab. Umgeben von Erikabüschen und mauretanischem Riesengras, wendet sich der Weg unterhalb eines alten Wachturms nach rechts (2 Std.). Immer gut markiert, folgt er zunächst einem kleinen Bachlauf und verläuft dann gesäumt von Zistrosen- und Ginstersträuchern unterhalb des Pizzo Aiello. An einer beschilderten Weggabelung halten wir uns rechts und stehen Augenblicke später vor einem Travertinfelsen mit den malerischen **Ruinen der Masseria della Procura.** Von hier genießt man einen phantastischen Ausblick über das fruchtbare Iatotal. Er reicht von der Portella della Ginestra mit

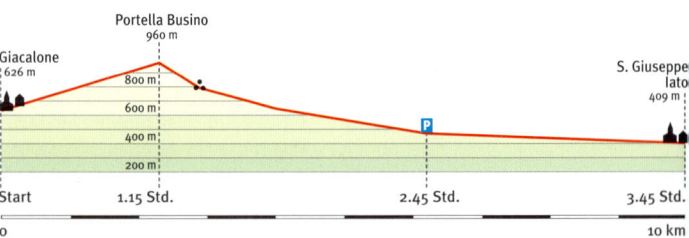

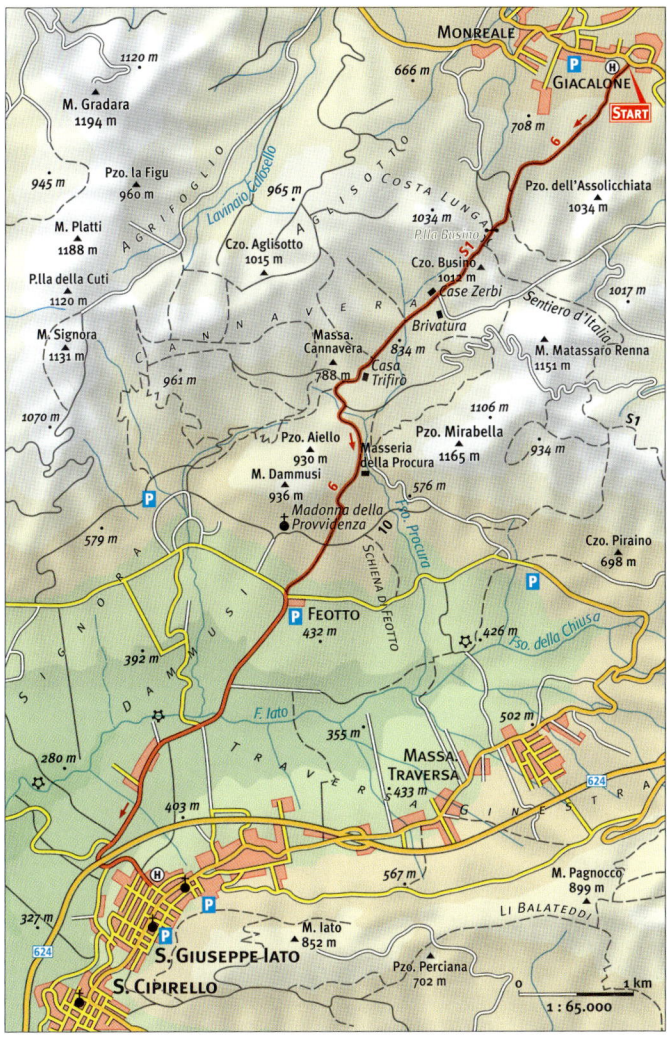

dem mächtig aufragenden Massiv um La Pizzuta bis nach S. Giuseppe Iato und San Cipirello. Nicht zufällig wählte man diese Position für die Masseria. Wie viele andere Procure diente auch diese als Getreidespeicher. Die Pächter der zum Erzbistum von Monreale gehörenden

Ländereien brachten den anfallenden Zehnt hierher.

Wir folgen nun dem gut markierten Weg, der jetzt unterhalb des Monte Dammusi durch fruchtbares und intensiv genutztes Ackerland in Richtung S. Giuseppe Iato führt. Über die Kreuzung mit dem Percor-

Blick aus dem Vallone della Procura ins Iatotal, rechts die Ruinen der Masseria della Procura

so Nr. 10 Madonna della Provvidenza hinweg, gelangt man in die Hofeinfahrt der ersten Ansiedlung. Hier liegt auch der Parkplatz Feotto (2.45 Std.). Vom Hof aus führt der nun asphaltierte ehemalige Landweg immer geradeaus bis zu den ersten Häusern von **S. Giuseppe Iato**. In einer Linkskurve unter der Schnellstraße hindurch, gelangen wir direkt zum Corso Umberto I (3.45 Std.).

Das antike Iatas

Auch wenn S. Giuseppe Iato und das benachbarte San Cipirello mehr wegen ihrer jüngsten mafiosen Vergangenheit bekannt sind, lohnt sich ein Ausflug hierher. Auf dem Gipfelplateau des Monte Iato erstreckte sich einst die antike Siedlung Iatas, die vom 10. Jh. v. Chr. bis Mitte des 13. Jh. besiedelt war. Das archäologische Ausgrabungsgelände mit griechischem Theater, Agora, Aphrodite-Tempel und hellenistischem Wohnhaus ist von beiden Städtchen über einen ausgeschilderten Fußweg zu erreichen (aber auch auf einer nicht asphaltierten Straße mit dem Auto). Die archäologischen Fundstücke sind im Museum von San Cipirello zu besichtigen.

Eine Oase für Pflanzen und Vögel

Der Monte Bonifato oberhalb von Alcamo

Einst dicht bewaldet, dann durch Brände und Rodungen fast völlig verödet, präsentiert sich am Monte Bonifato heute wieder ein ausgedehntes Waldgebiet. Auch zahlreiche Vogelarten sind hier wieder heimisch geworden.

DIE WANDERUNG IN KÜRZE

++
Anspruch

3.30 Std.
Gehzeit

7 km
Länge

Charakter: Mittelschwere Rundwanderung über Wald- und Forstwege, Pfade und ein kurzes Stück Asphaltstraße; Orientierung nicht immer ganz einfach

Wanderkarte: Carta dei Sentieri e del Paesaggio 1:50 000, Terrasini – Golfo di Castellammare

Einkehrmöglichkeiten: Keine

Anfahrt: Mit dem Auto in Alcamo in die Viale Europa abbiegen und auf ausgeschilderter Straße zum Monte Bonifato abzweigen. Die Fahrstraße endet an einem Parkplatz neben dem Informationszentrum des Naturschutzgebietes.

Vom **Parkplatz** folgen wir zunächst der ansteigenden Asphaltstraße, die 100 m hinter einer scharfen Rechtskurve auf eine Durchfahrsperre stößt. Auf der rechten Seite kann man noch die Überreste der **Zisterne La Funtanazza** ausmachen. Sie stammt noch aus arabischer Zeit und diente dazu, Quellwasser aufzufangen.

Eine Schautafel informiert uns über die große Vielfalt der hiesigen Vogelwelt. Mehr als 36 Vogelarten hat man bisher am Monte Bonifato gezählt. Neben Amseln, Grünfinken, Kohlmeisen, Dohlen, Elstern und Eichelhähern sehen wir auch Raubvögel wie Turmfalken und Mäusebussarde.

Wir verlassen an dieser Stelle die Asphaltstraße und biegen links in einen breiten Waldweg ein. An der kurz darauf folgenden Abzweigung halten wir uns wiederum links und lassen ein Rifugio rechts liegen. Über eine Durchfahrsperre gelangen wir auf einen breiten Naturweg, der am Nordosthang des Monte Bonifato durch einen Mischwald aus Kiefern und Pinien führt. Ursprünglich war das Kalkmassiv dicht mit Korkeichen bewachsen. Diese waren aber durch Waldbrände und Rodungen zur Gewinnung von Weideflächen schon zu Beginn unseres Jahrhunderts völlig verschwunden. Um der Erosion entgegenzuwirken, begann man mit einer gezielten Wie-

Unser Weg führt durch dichten Mischwald

deraufforstung. Neben Kiefern und Pinien findet man hier inzwischen vereinzelt auch Flaumeichen, immergrüne Steineichen und Eschen.

Nach links genießen wir immer wieder den Ausblick auf das fruchtbare Hinterland von Alcamo und den Stausee Lago Poma. An klaren Tagen reicht der Blick sogar bis hin zum Ätna.

Vorbei an einer Durchfahrsperre, kommen wir, immer auf dem Hauptweg, auf einen größeren freien Platz, Von hier aus folgen wir einem steingepflasterten Weg nach links steil nach oben. Nach einigen beschwerlichen Minuten sind wir am **Santuario Madonna dell'Alto** angelangt (45 Min.). Ein herrlicher Ausblick läßt einen selbst die Sendemasten der

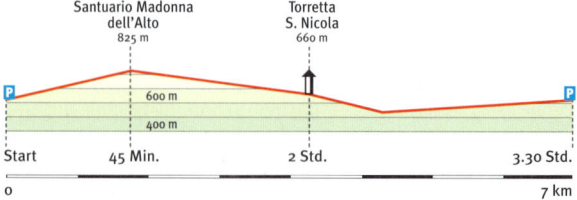

RAI vergessen. Deutlich zeichnet sich in der Ferne die Bucht von Castellammare und die Küstenlandschaft zwischen Monte Monaco und Capo Rama ab. Auf der küstenabgewandten Seite reicht der Blick von der Montagna Grande im Westen, über fruchtbare Felder hinweg, bis zur Rocca Busambra im Osten. Neben dem Heiligtum der Madonna dell'Alto aus dem 17. Jh. stehen die Überreste eines Turmes der Barone von Ventimiglia, der zu einem inzwischen zerstörten Kastell aus dem 14. Jh. gehörte. Auf dem gleichen Weg bis zu dem größeren Platz zurückgekehrt, folgen wir der Asphaltstraße nach links, vorbei an der sogenannten **Porta della Regina** (›Tor der Königin‹), die den Zugang zum mittelalterlichen Dorf unterhalb des Kastells sicherte.

In einer Rechtskurve biegen wir links in einen breiten, nicht geteerten Weg ein. Ein kurz darauf links abzweigender Weg führt zum Feuerwachturm Torretta Bonifato, von dort genießt man einen schönen Ausblick. Wir aber gehen geradeaus weiter und halten uns dann bei der nächsten Möglichkeit links. (Der rechte Weg führt durch ein grünes Gatter zum Piano Valso und zur Torretta S. Nicola.)

Auf einem schmalen Pfad treffen wir auf einen Forstweg, dem wir bergab folgen. Nachdem wir den dichten Wald von Piano Valso durchquert haben, folgen wir bei der nächsten Abzweigung nicht dem Hinweisschild ›Torretta S. Nicola‹ nach links (2 Std.), sondern bleiben auf dem Hauptweg . Weiterhin leicht abfallend, weitet sich nach einer langgezogenen Rechtskurve der Forstweg zu einem Platz. Hier zweigt rechts ein schmaler Pfad ab, dem wir durch duftende Macchia-Vegetation

hangaufwärts folgen (2.15 Std.). Wilder Oregano, Thymian und Bohnenkraut, Mastixsträucher, gemeines Rutenkraut und vereinzelt rosa und weiße Zistrosen begleiten unseren Anstieg. Über einen weiteren Feldweg hinweg, stoßen wir wieder auf eine breite Kiesstraße, der wir nach links folgen (2.40 Std).

Kurz vor einem grünen Gatter zweigt links der sogenannte **Orchideenpfad** ab. Eine Schautafel informiert über das Gelände. Der Weg verläuft zunächst durch einen Kiefern-, Pinien- und Eichenwald, in dem man im Frühjahr zahlreiche Orchideen wie das Italienische Knabenkraut *(Orchis italica Poir)* und die Braune Ragwurz *(Ophrys fusca Link)*

*Kleine Kostbarkeiten warten auf
Entdeckung: der Orchideenpfad*

antrifft. Am Waldrand wächst hier stellenweise Diß, ein Gras, das die Bauern einst als Schnur verwendeten, um die jungen Triebe des Weinstocks festzumachen. Durch ein Gebiet, in dem im Frühjahr wilder Spargel wächst, und einen etwas vernachlässigten Zypressenwald kommen wir auf eine Asphaltstraße, die uns nach links zurück zum Parkplatz bringt (3.30 Std.).

Macchia

Als Macchia bezeichnet man einen 2 bis 5 m hohen Buschwald aus überwiegend immergrünen Hartlaubsträuchern, der sich wie ein Fleckenteppich ausbreitet und ihm daher den Namen verlieh: Macchia heißt auf italienisch ›Fleck‹.

In mittleren Höhen und an der Küste sind der immergrüne Mastix, *(Pistacia lentiscus)*, die weißblühende Myrthe *(Myrtus comunis)*, der gelbe Ginster *(Spatium junceum)* und der windliebende Wacholder vorherrschend. Weite Verbreitung findet in Sizilien auch die Zwergpalme, deren Blattfasern für die Herstellung von Körben oder Matten verwendet wurden.

In den feuchteren Vorgebirgen, wo die Macchia auch eine Höhe von 6 m erreichen kann, gedeihen neben Buschwerk auch Sträucher und kleine Bäume wie der Erdbeerbaum *(Arbutus unedo)* mit seinen leuchtend roten, aber etwas fade schmeckenden Früchten, der Wilde Ölbaum *(Olea europea var. sylvestris)* und die Schmalblättrige Linde *(Phyllyrea angustfolia)*.

Tempel mit Aussicht

Vorbei an fruchtbaren Anbauflächen zum Monte Pispina

Auf den Spuren der Elymer wandern wir auf den Monte Pispina, von dem wir einen schönen Blick auf den Tempel von Segesta haben. Auch heute hat dieses Meisterwerk nichts von der Faszination verloren, die es schon zu Zeiten des ›großen Italienreisenden‹ besaß.

DIE WANDERUNG IN KÜRZE

++
Anspruch

Charakter: Mittelschwere Rundwanderung über Wirtschafts-, Feld- und Waldwege und Pfade, die nicht immer eindeutig sind

3.15 Std.
Gehzeit

Wanderkarte: Carta dei Sentieri e del Paesaggio 1:50 000, Terrasini – Golfo di Castellammare

9 km
Länge

Einkehrmöglichkeiten: Keine

Anfahrt: Mit dem Auto bei der Ausfahrt Segesta die Autobahn verlassen, im folgenden Kreisverkehr die erste rechts abbiegen.

Nach ca. 150 m bei einem Trafohäuschen oder beim Ausgrabungsgelände parken und 1,5 km hin und zurückgehen. **Mit der Bahn** von Palermo in 2 Std. nach Segesta (Info Tel. 848 88 80 88). Richtung Ausgrabungsgelände trifft man kurz nach der Autobahnunterführung auf das Trafohäuschen. **Mit dem Bus** ab Palermo, Via Roma/Ecke Via Lincoln, 7.50 und 14 Uhr, So, Fei 10 Uhr, Busgesellschaft Tarantola, Tel. 0 92 43 10 20

Rechts neben dem Trafohäuschen beginnen zwei Fahrwege. Wir schlagen den linken der beiden ein. Hinweisschilder auf Privatgrund und Durchfahrtsverbot beziehen sich nicht auf Wanderer. Wir verlassen die asphaltierte Straße und lassen Hektik und Zivilisationslärm für die nächsten Stunden hinter uns. Durch landwirtschaftliche Anbauflächen nähern wir uns dem Monte Pispina. Nach einer scharfen Linkskurve verlassen wir auf der Höhe eines verfallenen Hauses den Hauptweg nach rechts in einen Wald hinein. Vom schmalen, teilweise überwachsenen Weg öffnen sich immer wieder Ausblicke auf den einsam liegenden Tempel von Segesta. Hält man hier inne, glaubt man sich in längst vergangene Zeiten zurückversetzt.

Über einige Stufen hinunter, stoßen wir in einer Kurve auf einen Fahrweg, dem wir bergauf folgen. Immer schmaler schlängelt sich unser Weg den Hang des Monte Pispina hinauf. Mit jedem Schritt nach oben wird auch die Aussicht auf die umliegende Landschaft imposanter. Hinter dem Tempel taucht jetzt auf der Kuppe des Monte Bárbaro auch das antike Theater auf.

An einer deutlichen Weggabelung halten wir uns rechts und folgen auf

Nach der Wanderung lohnt ein Ausflug zum Theater auf dem Monte Bárbaro

einer Anhöhe einem Fahrweg nach rechts zum Gipfel des **Monte Pispina** (1 Std.). Ein herrliches Panorama schlägt uns in seinen Bann. Zur Küste hin erhebt sich mächtig das Massiv des Monte Inici (1064 m). Über fruchtbares Ackerland hinweg erkennen wir links davon, auf einer Bergkuppe thronend, die Stadt Erice. Rechts des Monte Inici glitzert das Meer in der Bucht von Castellammare. Zwischen Alcamo, am Fuße des Monte Bonifato, und Castellammare dehnen sich scheinbar endlos Weinanbaugebiete aus. Davor, auf der Anhöhe des Monte Bár-

baro, liegt in phantastischer Lage das antike Theater von Segesta. Zu unseren Füßen steht einsam der elymische Tempel. Schon vor mehr als 200 Jahren regte er Sizilienreisende zum Nachdenken an. »Die Lage des Tempels ist sonderbar: am höchsten Ende eines weiten, langen Tales, auf einem isolierten Hügel, aber doch noch von Klippen umgeben, sieht er über viel Land in eine weite Ferne, aber nur ein Eckchen Meer. Die Gegend ruht in trauriger Fruchtbarkeit, alles bebaut und fast nirgends eine Wohnung ... Der Wind sauste in den Säulen wie in einem Walde, und Raubvögel schwebten schreiend über das Gebälke.« (Goethe, Italienische Reise, 20. April 1787)

Wir verlassen dieses grandiose Panorama und folgen zunächst dem Hinweg zurück, biegen dann aber nicht auf den schmalen Pfad ab, sondern folgen weiter dem breiten Naturweg. In einem lichten Wald aus Kiefern und Eukalyptus folgen wir dem Wegverlauf. Nach zwei deutlichen Kurven zweigen wir kurz vor einem Gatter nach links auf einen Pfad ab (1.30 Std.). Unterhalb von schönen Kalkformationen verläuft der Pfad jetzt annähernd hangparallel.

Immer wieder steht am Wegesrand das gemeine Rutenkraut *(Ferula communis)*. Schon in der griechischen Mythologie spielte diese Pflanze eine herausragende Rolle. Der Halbgott Prometheus hatte das getrocknete Rutenkraut am Sonnenwagen von Helios entzündet und da-

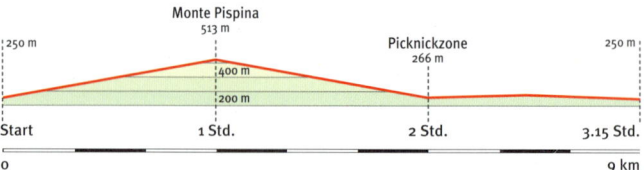

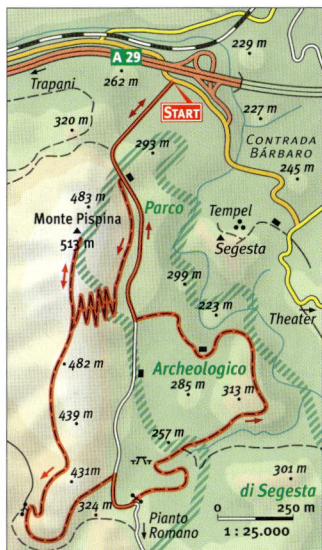

mit dem Menschengeschlecht das Feuer auf die Erde gebracht.

Vor einem ausgedehnten Weinberg treffen wir auf einen Naturweg, dem wir nach rechts folgen. An einer Weggabelung wenden wir uns nach links und kommen über ein Gatter hinweg in einen Kiefernwald. Historische Wanderungen können einen enormen Heißhunger auslösen – in einer Rechtskurve lädt unter schattenspendenden Bäumen eine **Picknickzone** zum Verweilen ein (2 Std.).

Vorbei an einem künstlichen Teich, gelangen wir nach einer langgezogenen Linkskurve auf ein Aussichtsplateau oberhalb des Taleinschnitts der Pispina. Hier endet der Naturweg. Vor uns thront majestätisch der Tempel von Segesta. Vom Aussichtspunkt leicht nach links, durchqueren wir in abfallendem Gelände ohne deutlichen Weg einen Wald. Bei einer Hausruine mit Olivenbäumen und Zypressen treffen wir auf bewirtschaftete Felder (2.30 Std.).

Genau auf der Grenze zwischen Wald (rechts) und Feldern (links) folgen wir einem schmalen, stellenweise kaum sichtbaren Trampelpfad nach rechts. Am Waldrand gedeihen hier neben Sternanemonen auch zahlreiche Orchideenarten wie die Braune Ragwurz oder das Kleine Knabenkraut. An der Stelle, an der die Äcker den Weinbergen weichen, folgen wir einem Pfad nach links auf einen schon vor uns sichtbaren, breiteren Naturweg zu, dem wir nach rechts folgen. Wieder genießt man einen herrlichen Ausblick auf den Tempel von Segesta und den Monte Bárbaro. Ohne große Höhenunterschiede kommen wir durch intensiv bewirtschaftete Weinberge und Weizenfelder, vorbei an einigen Gehöften, zurück zum Ausgangspunkt am **Trafohäuschen** (3.15 Std.).

»... und die Raubvögel schweben schreiend über das Gebälk«

Das Ausgrabungsgelände von Segesta erreicht man auf dem ausgeschilderten Weg nach 1,5 km. Direkt am Eingang befindet sich eine Bar (mit Toiletten), die auch eine reiche Auswahl an Postkarten und Literatur zu Segesta bietet. Überqueren wir den Parkplatz rechts der Bar, erreichen wir über einen von Agaven gesäumten Weg den klassischen Tempel.

Links der Bar führt eine geteerte Straße zum antiken Theater auf den Monte Bárbaro. Zu Fuß braucht man für den Hin- und Rückweg ca. 45 Min. Man kann aber auch mit einem Bus hinauffahren.

Der archäologische Park ist von 9 Uhr bis 2 Std. vor Sonnenuntergang geöffnet.

Tour 27

Wo der Bürgerwille siegte

Von Scopello in das Naturschutzgebiet Lo Zingaro

Als 1980 beschlossen wurde, eine Straße zwischen Scopello und S. Vito lo Capo zu bauen, besetzten Tausende den Zingaro und protestierten gegen die Zerstörung der Landschaft. Die Regierung lenkte ein und schuf das erste sizilianische Naturschutzgebiet.

DIE WANDERUNG IN KÜRZE

++
Anspruch

3.30 Std.
Gehzeit

8 km
Länge

Charakter: Mittelschwere Rundwanderung, Wegverlauf im schattenlosen Gelände

Markierungen: Hinweisschilder entlang der Küste bis zur Località Sughero

Ausrüstung: Badesachen, Fernglas

Wanderkarte: Karte der Parkverwaltung, die am Eingang erhältlich ist

Einkehrmöglichkeiten: Keine

Anfahrt: Mit dem Auto über die S.S.187 Richtung Trapani fahren, Richtung Scopello abbiegen. Am Eingang zum Naturschutzgebiet Parkmöglichkeit.

Mit dem Bus von Palermo nach Castellammare del Golfo (Autolinea Russo, ab Palermo, Piazza Marina). Von dort fährt ein Bus der gleichen Linie nach Scopello Tel. 092 43 13 64.

Informationen: Parco dello Zingaro, Via Segesta 197, Castellamare del Golfo, Tel. 092 43 51 08, www.riservazingaro.it.

Öffnungszeiten: Okt.-März 8-16, April-Sept. 7-21 Uhr.

Hinweis: Im Park gibt es je nach Jahreszeit reichlich Zecken. Am besten schützen lange Hosen.

Ausgangspunkt unserer Wanderung ist der **Eingang des Naturschutzgebiets bei Scopello.** Am Eingang finden wir immer einen Mitarbeiter der Parkverwaltung, der gerne mit Rat und Tat zur Seite steht und bei Bedarf auch einen Übersichtsplan aushändigt. Gleich zu Beginn passieren

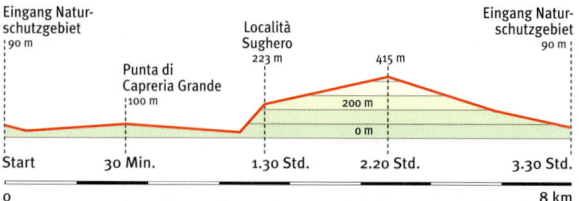

Eingang Naturschutzgebiet
90 m

Punta di Capreria Grande
100 m

Località Sughero
223 m

415 m

200 m

0 m

Eingang Naturschutzgebiet
90 m

Start · 30 Min. · 1.30 Std. · 2.20 Std. · 3.30 Std.

0 · 8 km

wir eine Galerie, die einst das erste Teilstück der geplanten Küstenstraße nach S. Vito lo Capo werden sollte. Heute nisten hier zahlreiche Vögel, die mit lautem Gezwitscher die Besucher begrüßen. Vorbei an einer Picknickzone auf der rechten Seite, kommen wir an eine Abzweigung: links befindet sich das **Centro Visitatori** (Besucherzentrum), in dem unter anderem gezeigt wird, was aus Pflanzenfasern alles hergestellt werden kann; rechts geht es zur **Cala della Capreria,** einer wunderschönen Badebucht, und zum sehenswerten **Museo Naturalistico,** in dem verschiedene Schautafeln über die Flora und Fauna des Parks informieren.

Nach diesen Abstechern folgen wir wieder dem Hauptweg durch eine wild wuchernde Macchia-Landschaft. Neben Feigenkakteen gedeihen hier niedrige Mastixsträucher, Wolfsmilch, gelbblühende Ginsterbüsche sowie Zwergpalmen *(Chamaerops humilis L.),* die auch das Wahrzeichen des Zingaro sind.

Von der **Punta di Capreria Grande** (30 Min.) genießen wir einen wunderbaren Ausblick. Vor uns breitet sich der gesamte Küstenstreifen mit seinen einsamen Kiesbuchten bis zur Torre dell'Impiso aus. Dieser Wachturm wurde zusammen mit anderen der gleichen Art gegen Ende des 16. Jh. vom Militärarchitekten Camillo Cammilliani errichtet, um den Küstenstreifen vor den ständigen Seeräuberüberfällen zu schützen. Vorbei an der zerklüfteten **Cala del Varo,** kann man sich am nahen Rifugio mit Wasser versorgen, das, wie überall im Naturschutzgebiet Zingaro, Trinkqualität aufweist. Umgeben von mächtigen Johannisbrotbäumen, Wildoliven und vereinzelten Terebinthen kommen wir, vorbei

an der **Punta Leone,** an die Abzweigung zur Cala della Disa. Vermutlich rührt ihr Name vom Dißgras *(Ampelodesma tenax),* sizilianisch *disa* genannt, einem typischen Garrigue-Gras, das sich hier von der Küste bis auf die Berge hinauf ausdehnt. Wie die Zwergpalme, wurde Diß auch zum Binden von Heugarben verwendet oder um Rebschößlinge am Spalier festzumachen. Aber auch in der italienischen Küche fand es Verwendung. Wer hat sich noch nie gefragt, wie das Loch in die Maccheroni kommt? Ganz einfach. Man nimmt den Stengel des Dißgrases, rollt ihn in den frischen Teig ein, und sobald dieser trocken ist, zieht man den Stengel vorsichtig heraus.

Nach einer Abzweigung zur Cala Berretta kommen wir zur **ehemaligen Ortschaft Zingaro,** die dem Park ihren Namen gab. Hier gedeihen besonders große Exemplare von Zwergpalmen, und an schattigen Stellen sieht man auch manch herrliche Ragwurz stehen *(Ophrys lunulata, O. oxyrrhynchos* oder *O. communata).* Aber auch der wilde Fenchel *(Foeniculum*

vulgare), der eine wichtige Zutat für die Zubereitung der Pasta con le sarde ist, gedeiht hier.

Vorbei an einem Weg zur Cala Marinella, gelangen wir zu einer weiteren Abzweigung (1 Std.). Hier folgen wir dem ausgeschilderten Weg zur Località Sughero. An einem mit Mandelbäumen bewachsenen Plateau halten wir uns links und erreichen wenig später **Sughero** (1.30 Std.), dort kann man sich erneut mit Wasser versorgen. Bis vor wenigen Jahrzehnten war die kleine Ansiedlung noch von Bauern und Hirten be-

wohnt, die Weizen und Gerste anbauten bzw. Ricotta und Schafskäse produzierten.

An einer erneuten Gabelung folgen wir zunächst dem rechts ansteigenden Pfad in Richtung Baglio Cosenza (der linke würde zu einigen verlassenen Häusern führen). Vorbei an Bienenhäusern, halten wir uns bei der nächsten Möglichkeit links und stoßen auf einen breiteren Weg, dem wir erneut nach links folgen. Von Steinplatten eingefaßt, leitet dieser uns zunächst durch einen kleinen Taleinschnitt und dann zum

Die Tonnara von Scopello

Kurz vor dem Ausgangstor des Naturschutzgebietes zweigt ein Pfad nach links ab und führt in Serpentinen bergab. Nach 10 Min. beschreibt der Weg eine Linkskurve und verläuft parallel zur Küste. Kurz darauf stoßen wir auf eine Kreuzung. Wir folgen dem rechts ansteigenden Weg, der uns wenige Minuten später zum Ausgangspunkt unserer Wanderung führt (3.30 Std.).

Zwergpalmen

Zwergpalmen erreichen im Zingaro oft eine Höhe von über 2 m. Für lange Zeit stellten sie eine wichtige Einnahmequelle für die Bewohner des Zingaro dar.

Vom Fächer der *giummara,* wie die Sizilianer die Zwergpalme nennen, wurden Besen hergestellt, die schon Johann Wolfgang von Goethe bestaunte, als er 1787 in Palermo weilte. »Sie haben niedliche Beschen von Zwergpalmen, die man mit weniger Abänderung zum Fächerdienst eignen könnte ...« Noch bis vor 30 Jahren waren diese Palmwedel die einzig gebräuchlichen Besen in Sizilien. Daneben wurden die Blattfasern auch zur Seilherstellung, für Matten und Körbe, Fischreusen und als Polstermaterial verwendet. Selbst das zarte Markfleisch der Zwergpalmen wurde wegen seiner durststillenden Eigenschaft genutzt.

höchsten Punkt unserer Wanderung beim **Pizzo del Corvo** (415 m).

Über Distelfelder, die oft ein Anzeichen für Überweidung sind, treffen wir auf eine Weggabelung. Hier nach links, geht unser abfallender Weg nach wenigen Minuten in eine Forststraße über. An einem verlassenen Haus mit einem gemauerten Wasserbecken (3 Std.) genießen wir noch einmal den grandiosen Ausblick auf die Küste zwischen Torre dell'Impiso und Torre Bennistra. In einem sanften Bogen verläuft die Bucht von Castellammare.

28 Tour

Zwischen Himmel und Erde

Im nördlichen Teil des Naturschutzgebiets Lo Zingaro

Vorbei an herrlichen Buchten, erklimmen wir die höchsten Berge des Naturschutzgebiets. Verlassene Gehöfte aus längst vergangenen Zeiten, ein großartiges Panorama und eine vielfältige Pflanzenwelt begleiten unseren Weg.

DIE WANDERUNG IN KÜRZE

+++
Anspruch

Charakter: Anstrengende und schattenlose Rundwanderung über breite Wege und schmale Pfade. Gute Kondition erforderlich

5.30 Std.
Gehzeit

Markierungen: Entlang der Küste bis zur Località Sughero

16 km
Länge

Ausrüstung: Badesachen, Fernglas, Sonnenschutz, Trinkwasser

Wanderkarte: Karte der Parkverwaltung, die am Eingang erhältlich ist

Einkehrmöglichkeiten: Keine

Anfahrt: Mit dem Auto von S. Vito lo Capo in östlicher Richtung bis zum Naturschutzgebiet. Am Eingang Parkmöglichkeit.

Informationen: Parco dello Zingaro, Via Segesta 197, Castellamare del Golfo, Tel. 092 43 51 08, www.riservazingaro.it.

Öffnungszeiten: Okt.-März 8-16, April-Sept. 7-21 Uhr.

Hinweis: Im Park gibt es je nach Jahreszeit reichlich Zecken. Am besten schützen lange Hosen.

Ausgangspunkt unserer Wanderung ist der **Eingang des Naturschutzgebiets bei S. Vito lo Capo.** Vorbei an einem Wächterhäuschen der Parkverwaltung (hier kann man eine Übersichtskarte erhalten), kommen wir ins Herz des Zingaro. Nach links zweigen immer wieder Wege zu Badebuchten ab. Auch wenn die Verlockung groß ist, sollte man wider-

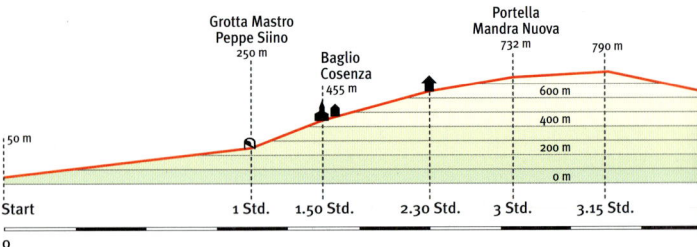

Grotta Mastro Peppe Siino 250 m

Baglio Cosenza 455 m

Portella Mandra Nuova 732 m

790 m

600 m
400 m
200 m
0 m

50 m

Start   1 Std.   1.50 Std.   2.30 Std.   3 Std.   3.15 Std.

0

(Karte des Naturschutzgebiets Lo Zingaro mit eingezeichneter Wanderroute)

Ortsangaben auf der Karte:

P.lla S. Giovanni 695 m · M. Acci 529 m · S. Vito lo Capo · Pzo. Candela 639 m · Monte Verno 575 m · Riserva · 686 m · Grotta Mastro Peppe Siino · Tonnarella dell'Uzzo · Tyrrhenisches Meer · M. Passo del Lupo 868 m · 823 m · CONTRADA ACCI · 250 m · 455 m · 398 m · P.lla Mandra Nuova 732 m · Baglio Cosenza · 501 m · Grotta dell'Uzzo · Torre dell'Uzzo · Località Sughero · 837 m · 477 m · CONTRADA SUGHERO · Pzo. dell'Aquila 759 m · dello · Zingaro · 694 m · M. Speziale 913 m · 826 m · 666 m · 367 m · 165 m · Cala Berretta · Cala della Disa · Punta Leone · Cala del Varo · 166 m · MARINELLA · SALTA LE VITI · 324 m · 752 m · CONTRADA PIANELLO · 584 m · Pzo. Passo del Lupo 610 m · Pzo. del Corvo 403 m · 712 m · 592 m · 613 m · Zingaro · START · P · 0 1 km · 1:55.000

stehen. Nach der ausgiebigen Wanderung ist ein Bad im kristallklaren Wasser dafür um so angenehmer.

Wir bleiben zunächst auf dem Küstenweg und folgen dann der Beschilderung ›Borgo Cusenza‹ (teilweise auch ›Baglio Cosenza‹ genannt). Durch ausgedehnte Felder von Affodill und kugeligen Tragantbüschen steigt der Weg stetig an. Auf der Höhe eines steingefaßten Brunnens öffnen sich in einer Felswand die sogenannten **Grotten des Mastro Peppe Siino** (1 Std.).

Durch eine Landschaft von Zwergpalmen, Akanthus und vereinzelten Kapernsträuchern wandern wir weiter bergauf und stoßen von unten auf eine breite Forststraße. Hier weist ein Schild ›Località Torre dell'Uzzo‹ in die Richtung aus der wir kamen. Bevor wir unsere Wande-

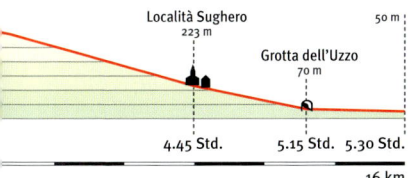

Localitá Sughero 223 m · Grotta dell'Uzzo 70 m · 50 m · 4.45 Std. · 5.15 Std. · 5.30 Std. · 16 km

rung nach rechts fortsetzen, lohnt sich ein Abstecher nach links zum **Baglio Cosenza** (1.50 Std.). Wir sehen hier eine typisch ländliche Ansiedlung, wie sie noch Anfang dieses Jahrhunderts weit verbreitet war.

Zurück auf der Forststraße, können wir uns an einer alten Tränke aus dem 18. Jh. mit frischem Trinkwasser versorgen. Durch zunehmend karge und verkarstete Landschaft kommen wir an eine Abzweigung, an der die Forststraße geradeaus weiter auf einen Sattel führt, wir jedoch der links abbiegenden Fahrspur folgen. Es lohnt sich, von hier einen kurzen Abstecher zu einem Natursteinhäuschen nach rechts oben zu machen. Von

dort genießt man einen großartigen Blick auf das Dorf Mácari, den Monte Cófano und die Küste südlich von S. Vito lo Capo (2.30 Std.). Wieder auf dem regulären Weg zurück, biegen wir vor dem **Häuschen Monte Verno** nach links ab. Der Pfad schlängelt sich nun den Hang entlang und gewinnt langsam an Höhe.

Rechter Hand erhebt sich der Monte Passo del Lupo (868 m) – ein botanisches Paradies. Vor allem die nördlichen Hänge lassen die Herzen der Pflanzenliebhaber höher schlagen. Rittersporn *(Delphinium emarginatum)*, Immerblütige Schleifenblume *(Iberis semperflorens)*, Strauchiger Steinsamen *(Lithodora rosmarinifolia)*, Zymbelkraut *(Cym-*

Die ehemalige Siedlung Baglio Cosenza

balaria pubescens), Zahntrost (Odontites bocconei) aber auch viele endemische Pflanzen wie die Todaro-Strandnelke (Limonium todaraorum), der Fels-Hahnenfuß (Ranunculus rupestris), die Cupani-Kamille (Anthemis cupaniana) und das Cofano-Habichtskraut (Hieracium cophanense) gedeihen hier. Vorbei an einer Eiche kommen wir durch ausgedehnten Thymianbewuchs auf die **Portella Mandra Nuova**.

An einer Weggabelung halten wir uns links und passieren weiter ansteigend zunächst den Pizzo dell'Aquila (759 m) und queren dann die östlichen Abhänge des Monte Speziale, der mit 913 m Höhe der höchste Berg des Zingaro ist. Mit etwas Glück und der nötigen Zeit kann man hier Raubvögel wie Mäusebussard, Wanderfalke oder den seltenen Bonelli-Falken beobachten (3.15 Std.)

Leicht abfallend sehen wir bereits die verfallenen Häuser der **Contrada Pianello**. An den ersten Ruinen vorbei, passieren wir eine Trockensteinmauer und wenden uns direkt danach auf einen schmalen Pfad nach links (3.20 Std.). Zunächst kurz ansteigend, schlängelt er sich Richtung Meer zu einer weiteren Ruine hinab. Für kurze Zeit ist der Pfad jetzt sehr schwer zu erkennen. Talwärts sehen wir aber bereits einen breiteren Weg, der aus süd-östlicher Richtung heranführt. Auf Eselspfaden absteigend, treffen wir nach ca. 150 m auf diesen Weg und folgen ihm nach links. Wenig später stoßen wir direkt bei einem kleinen Taleinschnitt von oben auf einen Querweg, dem wir nach links folgen. Unterhalb eines restaurierten Hauses mit einem großen Johannesbrotbaum folgen wir an einer Gabelung dem rechten Weg meerwärts (geradeaus würde man wieder zum Borgo Cusenza kommen). Immer auf dem Hauptweg bergab, passieren wir die ehemalige Siedlung **Località Sughero** und treffen von oben auf den Küstenweg, dem wir nach links folgen.

Umgeben von Lorbeersträuchern und Terebinthen, öffnet sich vor uns die **Grotta dell'Uzzo** (5.15 Std.). Seit vorgeschichtlicher Zeit wurde sie von Menschen genutzt. Die ältesten archäologischen Funde weisen auf die Zeit um 12 000 v. Chr. Neben Gräbern und Grabbeigaben fand man zahlreiche Keramikstücke aus dem Mesolithikum. In jüngerer Zeit wurde die Höhle von Hirten als Unterstand genutzt, aber auch mancher Bandit, so auch der berühmte Salvatore Giuliano, soll hier mit seiner Bande gehaust haben.

Von der Grotte zweigen wir nach rechts zur **Cala Torre dell'Uzzo** ab und kehren am Meer entlang zum **Eingang** zurück (5.30 Std.).

Baglio Cosenza

Alle Häuser sind hier um einen Innenhof gruppiert und bieten nach außen eine geschlossene Mauer. Zu betreten war ein Baglio nur durch ein einziges Tor, über dem sich meist ein Wachturm befand. Von dort konnte man die Feldarbeit überwachen und gleichzeitig ungebetene Gäste abwehren.

Umgeben von saftigen Wiesen, wurde im Baglio Cosenza vornehmlich Landwirtschaft und Schafzucht betrieben. Obwohl heute verlassen, hat sich neben einigen Wohnungen, Öfen und Futterkrippen noch eine über 150 Jahre alte Weinpresse an Ort und Stelle erhalten. Wie wohl nur an wenigen Stellen, kann man hier einen Einblick in die bäuerliche Welt von gestern gewinnen.

Almweiden mit Meeresblick

Rund um den Monte Cófano

Jahrhundertelang wurde am Monte Cófano Thunfisch verarbeitet und Viehzucht betrieben. Als dies unrentabel geworden war, begann man mit dem Abbau von Marmor – noch heute ein wirtschaftlicher Pfeiler der Region.

DIE WANDERUNG IN KÜRZE

++
Anspruch

3 Std.
Gehzeit

8 km
Länge

Charakter: Mittelschwere Rundwanderung über Trampelpfade und breitere Wege; Wegverlauf nicht immer eindeutig

Ausrüstung: Badesachen

Wanderkarte: Carta dei Sentieri e del Paesaggio 1:50 000, Terrasini – Golfo di Castellammare

Einkehrmöglichkeiten: Keine

Anfahrt: Mit dem Auto von S. Vito lo Capo in Richtung Trapani erreicht man nach 19 km Custonaci, von dort fährt man zum Lido Cornino weiter. An der Küstenstraße rechts Richtung Monte Cófano abbiegen. Kurz bevor die Asphaltstraße endet, auf der Höhe eines kleinen Schreins auf Meeresseite parken.

Vom kleinen **Heiligenschrein** auf Meereshöhe gehen wir weiter auf der Asphaltstraße in Richtung Monte Cófano. An der dritten Abzweigung halten wir uns rechts und folgen einer breiten Schotterpiste, die – vorbei am neuen Villenviertel ›Residence Maccarese‹ – auf einen Marmorsteinbruch zuführt. Kurz bevor der

Weg weiter ansteigt, wenden wir uns an einer Abzweigung nach rechts und erreichen auf einem Pfad unterhalb der schroffen Felswand die **Grotte von Mangiapane** (20 Min.).

In einer riesigen Höhle, deren Boden mit Kieselsteinen gepflastert ist, stehen einige kleine Häuser. Einst eine Wohnsiedlung, dient sie heute

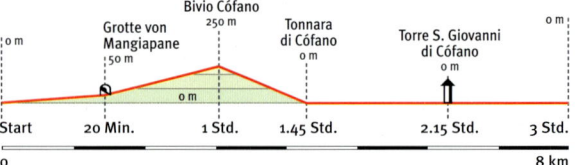

nur als Unterstand für das Vieh. Jedes Jahr zu Weihnachten findet hier eine lebende Krippendarstellung statt, die an diese verschwundene Welt mit ihren verschiedenen Handwerken erinnern soll.

Nach diesem Abstecher kehren wir an die letzte Weggabelung zurück und wenden uns nach rechts. Wir gehen direkt auf den **Sattel** am rechten Ausläufer des Monte Cófano zu. Glatte, hellglänzende Felswände von größtenteils noch heute in Betrieb befindlichen Marmorbrüchen begleiten uns auf der rechten Seite. Erst Anfang der 60er Jahre begann man hier im großen Stil mit dem Abbau von Marmor. Bis dahin lebte Custonaci vorwiegend von der Viehzucht und in weitaus geringerem Maße auch von der Landwirtschaft. Heute hingegen sind Abbau und Verarbeitung von Marmor die wirtschaftliche Grundlage der ganzen Gegend. Abgebaut wird hauptsächlich der Marmor Perlato di Sicilia, der in die ganze Welt exportiert wird. Aber auch Elfenbein-, Breccien- und Botticino-Marmor sowie Libeccio antico, den bereits die berühmten Bildhauer Gagini und Bernini für ihre Werke schätzten, werden hier gebrochen.

Vorbei an einzelnen Abraumblöcken, zieht sich unser Weg in zahlreichen Serpentinen den Hang hinauf. Nach einem Zaun stoßen wir auf einem kleinen Plateau auf eine T-Kreuzung. Hier nach links weiter, haben wir nur wenige Augenblicke später den höchsten Punkt unserer Wanderung erreicht (250 m). Es öffnet sich ein grandioser Ausblick auf die Küstenlandschaft zwischen Monte Cófano und dem kleinen Städtchen S. Vito lo Capo, das vom Monte Monaco überragt wird. Vor uns liegen ausgedehnte Weideflächen, auf

denen sich schwarze und braune Milchkühe am saftigen Grün erfreuen. Das Läuten ihrer Glocken ist weithin zu hören. Sähe man nicht hinter dieser Kulisse klar und deutlich das Mittelmeer, könnte man sich in den Alpen wähnen.

An einem kleinen Mäuerchen (1.15 Std.) hat man zum ersten Mal den Blick auf die Meeresbucht am Fuße des Monte Cófano, an der auch die ehemalige Tonnara von Cófano liegt. Wir wenden uns nach rechts und stoßen auf einen zunächst breiten Weg, der – vorbei an einigen aufgelassenen Bauernhäusern – in einen schmalen Pfad übergeht. Der Pfad schlängelt sich den Hang hinunter und stößt, schon fast auf Meeresniveau, auf eine Steinmauer, an der entlang man direkt zur **Tonnara** gelangt (1.45 Std.). Neben der aufgegebenen Tonnara befinden sich hier noch einige Fischerhäuschen und ein Wachturm aus dem 17. Jh. Die Bucht mit kristallklarem Wasser und Kieselstrand lädt zum Bade ein.

Von der Bucht folgen wir einem Feldweg nach links, der nach wenigen Metern in einen Pfad übergeht

Kuhweide mit Ausblick auf die Küste von S. Vito lo Capo und den Monte Monaco

und sich durch dichten Bewuchs von Mauretanischem Riesengras und Zwergpalmen um den Monte Cófano zieht. Dieser Weg war einst die Verbindungsstraße zwischen Trapani und Castellammare.

Vorbei an einer kleinen Kapelle aus dem 17. Jh., kommen wir über einen Zaun zur **Torre S. Giovanni di Cófano,** einem ehemaligen Wachturm, der erst kürzlich restauriert wurde (2.15 Std.). Wir haben den Monte Cófano jetzt fast umrundet, und vor uns öffnet sich der Blick auf die Landschaft zwischen Custonaci und Trapani. In einiger Entfernung, einsam auf einem über 700 m hohen

Kalkfelsen gelegen, erkennt man die Stadt Erice, in der Antike weithin bekannt für ihr Heiligtum der Aphrodite.

Immer auf dem Hauptweg, der jetzt auf Fahrbahnbreite angewachsen ist, erreichen wir zunächst die geteerte **Küstenstraße des Lido Cornino** und gleich darauf den Ausgangspunkt unserer Wanderung am **Heiligenschrein** (3 Std.).

Der Hausberg von S. Vito lo Capo

Von S. Vito lo Capo auf den Monte Monaco

Diese Wanderung vom Fischerstädtchen S. Vito lo Capo auf den Monte Monaco läßt sich ideal mit einem Sonnenbad am Strand von S. Vito verbinden. Vom Monte Monaco genießt man eine herrliche Aussicht auf die Küste zwischen Monte Cófano und Capo Rama.

DIE WANDERUNG IN KÜRZE

++
Anspruch

2.30 Std.
Gehzeit

6 km
Länge

Charakter: Mittelschwere Streckenwanderung über steinige Wege und Pfade; steiler Anstieg

Wanderkarte: Carta dei Sentieri e del Paesaggio 1:50 000, Terrasini – Golfo di Castellammare

Einkehrmöglichkeiten: Keine

Anfahrt: Mit dem Auto fährt man von S. Vito lo Capo in Richtung Naturschutzgebiet Lo Zingaro. Vorbei an der Diskothek Kaya, 3 km nach S. Vito lo Capo, zweigt nach einem Kilometer rechts eine zementierte Straße ab. Parkmöglichkeiten am Straßenrand.

Die zementierte Straße führt uns hinauf zur **Villa Sara,** einem modernen Wohnhaus. An dieser vorbei, treffen wir auf einen deutlich sichtbaren Kiesweg, dem wir nach oben folgen. Auf der linken Seite reicht unser Blick über die Klippen des Capo Ferriato hinweg bis zur Bucht von Castellammare. Nach einer scharfen Rechtskurve liegt der Gipfel des Monte Monaco direkt vor uns. Unterhalb, direkt an der Küstenlinie, erkennt man deutlich die Tonnara von S. Vito lo Capo, die noch bis ins 17. Jh. hinein benutzt wurde (30 Min.). Der bisher sehr steile Weg wird allmählich flacher und führt an zwei einfachen Häuschen vorbei. Links neben Schafweiden liegt eine landwirtschaftlich intensiv genutzte Hochebene. Begrenzt ist sie zur Landseite hin vom Pizzo di Sella, zur Meerseite durch den Monte Monaco, der sich immer deutlicher vor uns abzeichnet. An einer Gabelung folgen wir dem Hauptweg weiter in Richtung Gipfel. Am Wegesrand gedeihen neben Affodill auch Gemeines Rutenkraut und Zwergpalmen. Auf einem Sattel zwischen der bewirtschafteten Fläche und dem Gipfel des Monte Monaco hat man eine schöne Aussicht auf die Küstenlandschaften östlich und westlich von S. Vito lo Capo.

An einer Abzweigung (1 Std.) führt der linke Weg zu einem aufgelassenen Marmorsteinbruch, der heute wild überwuchert ist. Wir halten uns aber rechts und stoßen nur wenige Schritte weiter auf einen quadratischen **Wasserspeicher.** In diesem Abschnitt der Wanderung muß man etwas vorsichtig sein, da die gesam-

te Gipfelregion des Monte Monaco von aufgelassenen Marmorbrüchen durchzogen ist.

Wenig später sind wir am Gipfel angelangt. Senkrecht fallen die Felswände auf dieser Seite des **Monte Monaco** ins Tal ab. Direkt zu unseren Füßen liegt das Fischerstädtchen S. Vito lo Capo. Das Panorama ist atemberaubend. An klaren Tagen sieht man in Richtung Westen, vorbei am Monte Cófano, bis nach Erice und in Richtung Osten über die weite Bucht von Castellammare bis zum Capo Rama.

Um zum Ausgangspunkt an der **Villa Sara** zu gelangen, nehmen wir den gleichen Weg wieder zurück (2.30 Std.).

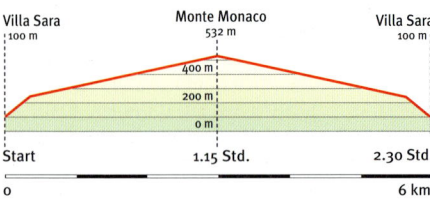

Das Leuchtfeuer der Griechen

Entlang der Kalkfelsen von Eraclea Minoa

Vorbei am Ausgrabungsgelände der antiken Stadt Eraclea Minoa, gelangen wir zum Fluß Plàtani, der über einen Strand ins Meer fließt. Überragt wird diese friedliche Landschaft von Kalkfelsen, die sich die alten Griechen für ihre Leuchtfeuer zunutze machten.

DIE WANDERUNG IN KÜRZE

++ Anspruch	**Charakter:** Mittelschwere Rundwanderung über Felsen, Feld- und Strandwege; teilweise ist Trittsicherheit erforderlich.
2 Std. Gehzeit	**Ausrüstung:** Badesachen
	Wanderkarte: GM Carta d'Italia 1:25 000, 266 II SO (Capo Bianco)
6 km Länge	**Einkehrmöglichkeiten:** Keine

Anfahrt: Mit dem Auto von der S.S. 115 4 km westlich der Ausfahrt Montallegro auf eine Asphaltstraße zur Archäologischen Zone von Eraclea Minoa abzweigen. Nach weiteren 3,5 km hat man den Parkplatz des Ausgrabungsgeländes erreicht.

Am Fuße des **Ausgrabungsgeländes von Eraclea Minoa** halten wir uns links und folgen einem breiten Feldweg den Kamm entlang. Nach einer Durchfahrsperre öffnen sich immer wieder wunderschöne Ausblicke auf die zur Küste steil abfallenden Kalkfelsen und das tiefblaue Meer. Jenseits einer weiteren Durchfahrsperre kommen wir, vorbei an Feigenkakteen und Disteln, zum **Capo Bianco.** Unter uns dehnt sich ein weiter Sandstrand aus, über den der Plàtani ins Meer mündet. Am Zaun entlang nach rechts, treffen wir auf eine kleine Senke. Ein steiniger und etwas steiler Pfad führt hier hinunter. Durch ein junges Eukalyptuswäldchen suchen wir uns jetzt einen Weg, der parallel zum Hang auf der rechten Seite verläuft. Kurze Zeit später stoßen wir auf einen Zaun,

der an dieser Stelle einen 90°-Winkel beschreibt. Unter dem Zaun hindurch, folgen wir diesem bis zur **Mündung des Plàtani** (40 Min.). Am dicht mit Schilfrohr bewachsenen Ufer kann man mit etwas Geduld Seidenreiher und den selteneren Weißen Löffler beobachten.

An der flachsten Stelle passieren wir die Mündung und wenden uns dann etwas nach rechts. Vor uns erkennen wir schon einen Schilfrohrzaun, den wir auf der Höhe des Flußufers an einem Durchlaß überwinden. Hier, etwas rechts, beginnt ein breiter Weg, dem wir nach links folgen. Der lichte Wald ist Teil eines wiederaufgeforsteten Gebietes. Noch in den 30er Jahren dehnte sich hier eine Sand- und Dünenlandschaft aus. Während des Faschismus versuchte man, durch Ansiedlung

Auf den weißen Kalkfelsen von Eraclea Minoa

von Bauern das Gebiet landwirtschaftlich zu nutzen. Doch Winde und der Salzgehalt des Bodens machten dem einen Strich durch die Rechnung. In der Nachkriegszeit begann man schließlich, den Bereich entlang der Küste wiederaufzuforsten. So erst wurde es möglich, das Hinterland in fruchtbares Ackerland zu verwandeln.

Hierbei verwendete man Pflanzen, wie sie bei der Wiederaufforstung von Küstenregionen typisch sind. So findet man neben Mastixsträuchern,

dem prächtig blühenden weißen Ginster und der Schmalblättrigen Steinlinde auch Eukalyptus und zahlreiche Kiefern. Aber auch Akazien und Zwergpalmen gedeihen hier.

Nach diesem gemütlichen Waldspaziergang folgen wir dem zweiten Weg nach links zum Meer hinunter (1 Std.). Am Strand wenden wir uns nach links und gelangen zurück an den Plàtani. Kurz nach der Mündung kommen wir zu den durch Erosionen ausgeformten Kalkfelsen des **Capo Bianco** (1.45 Std.) In der Antike dien-

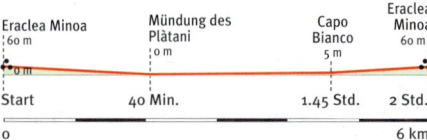

Eraclea Minoa 60 m	Mündung des Plàtani 0 m	Capo Bianco 5 m	Eraclea Minoa 60 m
0 m			
Start	40 Min.	1.45 Std.	2 Std.

0   6 km

ten sie den Seefahrern als Orientierungspunkt. Tagsüber waren sie wegen ihrer weißen Farbe auch auf große Entfernung zu erkennen. Aber auch in der Nacht erstrahlten sie wie ein Leuchtturm. Die Griechen hatten nämlich eine Öffnung in die Felsen hineingeschlagen und entzündeten des Nachts ein Feuer, das von den weißen Felswänden reflektiert wurde und durch den Durchlaß weithin sichtbar war.

Kurz bevor der Strand vor einem Felsen endet, steigen wir an einer günstigen Stelle die Kalkfelsen hinauf und treffen oben wieder auf unseren Hinweg. Hier nach rechts, haben wir wenig später den Ausgangspunkt am **Ausgrabungsgelände** von Eraclea Minoa erreicht (2 Std.).

Eraclea Minoa

Die von Siedlern aus Selinunte im 6. Jh. v. Chr. gegründete Stadt Minoa verdankt ihren Namen dem legen-

dären kretischen Herrscher Minos, der bei der Verfolgung von Daidalos hier an Land gegangen sein soll. Von der ehemaligen Stadtanlage sind bei den seit 1907 laufenden Ausgrabungsarbeiten Teile der einstmals 6 km langen Stadtmauer, das Theater, private und öffentliche Gebäude sowie eine Nekropole entdeckt worden (Öffnungszeiten: Tägl. 9–18 Uhr).

Frühling auf Sizilien

Als die Erde bebte

Von Noto nach Noto Antica

Kleinere Erdbeben sind in Sizilien an der Tagesordnung. Das von 1693 aber war so stark, daß im Südosten Siziliens kein Stein auf dem anderen blieb. Auch Noto Antica wurde zerstört und einige Kilometer entfernt in prächtigen Barockstil neu errichtet.

DIE WANDERUNG IN KÜRZE

+ Anspruch	**Charakter:** Leichte Rundwanderung auf guten Wegen, aber durch schattenloses Gelände
3 Std. Gehzeit	**Wanderkarten:** IGM Carta d'Italia 1: 50 000, Blatt 649 (Noto) bzw. IGM Carta d'Italia 1:25 000 277 IV NO (Noto Antica); IGM Carta d'Italia 1:25 000 277 SO (Noto)
10 km Länge	**Einkehrmöglichkeiten:** Keine

Anfahrt: Mit dem Auto aus Siracusa/Avola kommend durchquert man die Stadt Noto in Richtung Ragusa. An der ersten Ampel in Richtung Noto Antica nach rechts und an der zweiten Ampel nach links auf die S.P. 64. Nach 3 km zweigen jenseits einer Brücke auf Höhe des Straßenschildes ›Strada dissestata‹ rechts zwei Wege ab, hier parken.

Auf dem linken der beiden hier abzweigenden Wege verlassen wir die **Asphaltstraße.** Über eine Durchfahrsperre hinweg, schlängelt sich der Weg bergauf. Schon von jeher war er die Verbindung zwischen Noto Antica und den fruchtbaren Anbauflächen des Flusses Asinaro. Vorbei an bewirtschafteten Feldern und einzelnen Bauernhäusern, erreichen wir ein Metalltor (30 Min.). Rechts fällt der Blick in die Cava Ferraro mit ihren eindrucksvollen Felsabbrüchen. Über eingeschliffene Fahrrinnen hinweg, wendet sich der Weg nach links und erreicht einen Sattel.

Vor liegt ausgedehntes Kulturland mit einzelnen schattenspendenden Bäumen. Doch die moderne Technik hat vor der ländlichen Idylle nicht haltgemacht. Sonnenkollektoren decken hier den Energiebedarf.

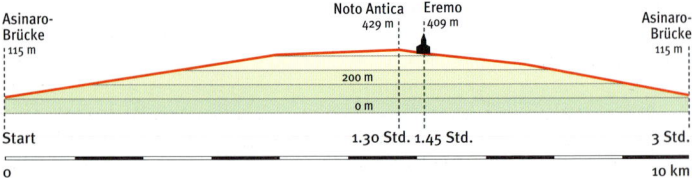

Asinaro-Brücke 115 m — Start — Noto Antica 429 m — Eremo 409 m — 200 m — 0 m — 1.30 Std. 1.45 Std. — Asinaro-Brücke 115 m — 3 Std. — 0 — 10 km

Nach einer leichten Rechtskurve verläuft der Weg, gesäumt von Gemeinem Rutenkraut, Zwergpalmen und einigen Johannisbrotbäumen, zwischen niedrigen Trockensteinmauern. An einem nach links abzweigenden Weg vorbei, erreichen wir einen Bauernhof mit laut bellenden Kettenhunden (45 Min.). Jenseits der Schlucht, auf der linken Seite, erkennt man bereits die Einsiedelei S. Maria della Provvidenza und die Ruinenstadt Noto Antica.

Hinter einer Durchfahrsperre treffen wir auf eine Asphaltstraße, der wir nach links folgen. Vor uns öffnet sich die weite **Schlucht des Flusses Salitello.** Hier siedelten bereits in der Antike die Sikuler. In den überwachsenen Abhängen fand man mehr als 500 prähistorische Felsgräber des 2. Jt. v. Chr. Aber auch in späterer Zeit wurden die Höhlen weiter genutzt, wie die Grotta delle cento bocche, eine frühchristliche Begräbnisstätte, und die Grotta del Carciofo, eine kleine, aber für Sizilien einmalige jüdische Katakombe, mit Ritzzeichnungen von zwei siebenarmigen Leuchtern. Auf undeutlichem Pfad erreicht man die Grotten, jenseits einer Brücke rechts oberhalb der Straße.

Von der Asphaltstraße nach links, gelangen wir zur Porta della Montagna, dem Tor des **antiken Noto.** Eine Tafel informiert hier über die Anlage des Stadtgebiets (1.30 Min.).

Auf drei Seiten durch die steilen Felswände des Monte Alveria geschützt, dehnte sich das antike Noto aus, das unter den Arabern zu einer der drei Hauptstädte Siziliens aufstieg. Von der einst blühenden mittelalterlichen Stadt mit ihren weitgespannten landwirtschaftlichen und handwerklichen Aktivitäten (Gerberei, Mühlen und Wollverarbeitung), den vielen Renaissance-

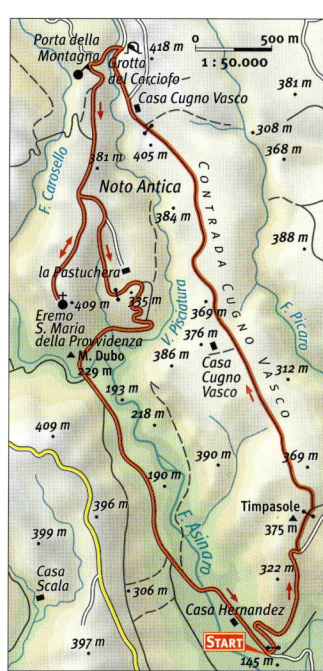

und Barock-Kirchen zeugen heute nur mehr romantisch überwucherte Ruinen. Wie andere Städte und Dörfer Südostsiziliens, wurde sie nach dem verheerenden Erdbeben von 1693 aufgegeben und an anderer Stelle im zeitgemäßen Barockstil wiederaufgebaut. Bei einem Besuch des zerstörten Noto kommen wir entlang der Hauptstraße zum turmbewehrten königlichen Kastell, zu den Überresten des Krankenhauses S. Maria, zum Palazzo Belludia und zur Kirche des Jesuitenkollegs. An einer Kreuzung erinnert ein Denkmal an eine der schwersten Katastrophen, die Sizilien erlebt hat.

Geradeaus weiter, vorbei an einer Abzweigung nach links, kommen wir zum **Eremo S. Maria della Provvidenza** (18. Jh.), das zum Gedenken an das Erdbeben errichtet wurde,

Trockensteinmauern begleiten häufig unseren Weg

heute aber selbst einen sehr baufälligen Eindruck macht. Wieder an die letzte Abzweigung zurückgekehrt, wenden wir uns nach rechts und folgen der abfallenden Kiesstraße. Vorbei an seitlichen Abzweigungen, haben wir am Fuß der wildromantischen Felswände der Valle del Dubo noch einmal den Blick zum Eremo S. Maria della Provvidenza. Nach einer Durchfahrsperre stoßen wir auf einen breiten Fahrweg, der in Serpentinen bergab führt. Vorbei an saftigen Wiesen, skurril geformten Olivenstämmen, Zitronenhainen, Johannisbrot- und Mispelbäumen queren wir auf Trittsteinen den **Asinaro.** Auf der inzwischen asphaltierten, aber nicht befahrenen Straße kehren wir zu unserem Ausgangspunkt an der **Asphaltstraße** zurück (3 Std.).

Bienenwaben in Stein

Die Hochebene von Pantálica

In den steilen Felswänden der Schlucht von Pantálica liegen Hunderte von Grotten, Gräbern und Felskirchen. Eingebettet in eine großartige Kalklandschaft, führt uns diese Wanderung durch die größte Nekropole Europas.

DIE WANDERUNG IN KÜRZE

++
Anspruch

Charakter: Mittelschwere Rundwanderung, die Kondition, Schwindelfreiheit und Trittsicherheit erfordert

3.15 Std.
Gehzeit

Markierung: Hinweisschilder, teilweise rote Punkte oder Pfeile

10 km
Länge

Ausrüstung: Trinkwasser, Badesachen

Wanderkarten: IGM Carta d'Italia 1:50 000, 646 (Siracusa), bzw. IGM Carta

d'Italia 1:25 000, 274 III NO (Sortino)

Einkehrmöglichkeiten: Keine

Anfahrt: Mit dem Auto von Ferla ca. 10 km in Richtung Pantálica fahren, dem Hinweisschild ›Anaktoron‹ nach rechts bis zum Parkplatz folgen.

Vom **Parkplatz** gehen wir zurück auf die Straße und folgen dieser nach rechts. Vor uns liegt in der Ferne, jenseits des Taleinschnitts des Calcinara, die Stadt Sortino. Bei einem weiteren Parkplatz am Ende der Asphaltstraße folgen wir dem deutlichen Weg, der sich geradeaus fortsetzt. Das Gelände fällt über Kalkplateaus steil zum Fluß Calcinara ab. Die Felswände sind mit Tausenden von Gräbern überzogen. Pantálica, Rückzugsgebiet der Sikaner und später der Sikuler, bestand vom 13. bis 8. Jh. v. Chr. bevor es vom aufstrebenden Syrakus zerstört wurde. Die **Nekropole Nord** stammt aus der Zeit zwischen dem 13. und 10. Jh. v. Chr., aus der gleichen Zeit wie auch wei-

tere Grablegen auf der gegenüberliegenden Talseite. Meist handelt es sich um Kammergräber mit einem kleinen Eingangskorridor.

Der in den Kalkstein gehauene Weg führt in Serpentinen zum **Calcinara** hinunter, den man auf Trittsteinen überquert. Auf der anderen Flußseite führt der Felsweg – vorbei an weiteren Felsgräbern der Nekropole – über mehrere Plateaus wieder bergauf. Überwältigend ist der Blick auf die dramatisch abfallenden Felswände der Schlucht, an denen man nicht selten Raubvögel wie Turmfalke oder Mäusebussard beobachten kann. Nach einem Mauerdurchlaß wendet sich der Weg nach rechts und stößt kurze Zeit später auf eine

*Der in Kalkstein geschlagene Weg führt
hinauf zur Nekropole Nord*

Asphaltstraße (1 Std.). Den Zaun auf
rechter Seite überwinden wir auf der
Höhe des Metalltores mit Hilfe von
zwei Trittleitern. Vorbei an einer ersten Hausruine führt der Weg hinunter zu einer zweiten, an der ein
Weinstock emporrankt. Hinter dem
Haus wendet sich der Weg nach
rechts und führt in zahlreichen Serpentinen hinunter zum Ufer des Anapo. Auf Trittsteinen über den Fluß

hinweg, folgen wir ihm gegen die
Fließrichtung. Bei einem Querweg
halten wir uns rechts und gelangen
so an die Mündung, wo der Calcinara in den Anapo fließt. Weite Sand-
bänke, umgeben von prächtigen
Oleanderbüschen und Platanen, laden hier zur Rast.

Über einige Felsen hinweg, treffen
wir kurz darauf auf eine breite Kiesstraße. 30 Jahre lang, zwischen 1926
und 1956, tuckerte hier eine Eisen-
bahn durch eine wildromantische
Landschaft und brachte Agrumen
und Fahrgäste von Syrakus nach
Vizzini und Ragusa. Wir folgen der
ehemaligen Eisenbahntrasse nach
rechts und überqueren auf einer
Brücke direkt vor einem Tunnel den
Anapo. Nach links weist ein Hinweisschild ›Area Attrezzata Grotta
Cascitta‹ zu einer Picknickzone.
Durch den Tunnel, vorbei am rechts
abzweigenden ›Percorsi Particolari
D‹, der zum Anaktoron hochführt,
folgt die einstige Bahntrasse weiter
dem Lauf des Anapo. Wieder über eine Brücke zurück auf der ursprüng-
lichen Flußseite, verweist das Schild
›Area Attrezzata Pantálica‹ auf eine
weitere Picknickzone. Ein letztes Mal
den Anapo überquert, passieren wir
die **ehemalige Bahnstation von
Pantálica** (2 Std.). Heute ist in dem
Gebäude ein Museum unterge-
bracht, das im Erdgeschoß landwirtschaftliche Gerätschaften ausstellt
und im Obergeschoß über Flora und
Fauna von Pantálica informiert.

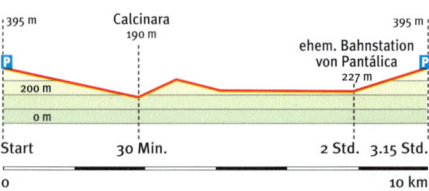

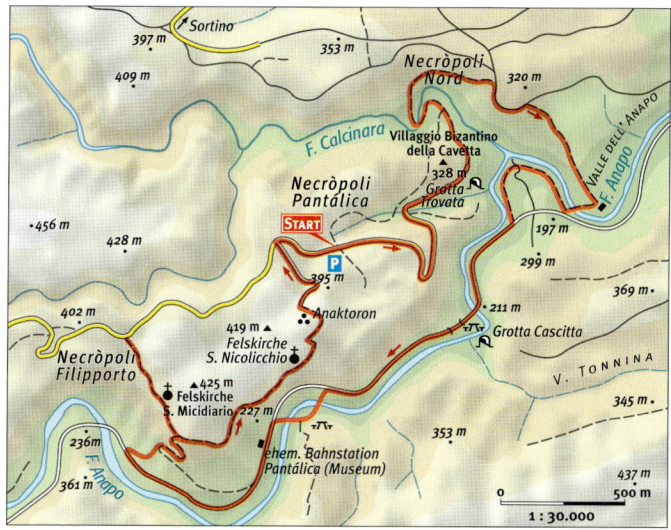

Etwa 50 m vor einer weiteren, schon sichtbaren Brücke, verlassen wir die Trasse und zweigen rechts auf den ›Percorsi Particolari C‹ ab. 10 m über dieser Abzweigung halten wir uns bei einer Gabelung rechts und stoßen wenig später von unten auf einen Querweg, in den wir, dem roten Pfeil folgend, nach links einbiegen. Immer von roten Markierungen begleitet, windet sich der Pfad aus dem Tal des Anapo hinaus. An einigen exponierten Stellen durch Metallgeländer gesichert, treffen wir beim Hinweisschild ›Belvedere Necropoli Sud‹ auf einen breiteren Querweg (2.30 Std.). Bevor wir diesem nach rechts zum Anaktoron zurückfolgen, unternehmen wir noch einen kurzen Abstecher nach links zur byzantinischen Felsenkirche **S. Micidario** und zur Nekropole von Filiporto. Die byzantinische Kirche S. Micidario wurde komplett aus dem Felsen herausgearbeitet. Interessant die "Dachneigung", die einem normalen Dach nachempfunden wurde.

Vorbei an zahlreichen Felswohnungen erreichen wir die **Sella di Filiporto.** Der Verteidigungsgraben, links und rechts eines mächtigen Johannisbrotbaums in den Felsen geschnitten, schützte die Siedlung gegen Angriffe vom Westen. Die Nekropole von Filiporto (9.-8.Jh. v. Chr.) stammt aus der Spätphase der sikulischen Besiedlung. Wieder an der Abzweigung zurück (2.50 Std.) folgen wir jetzt den Hauptweg geradeaus. Ansteigend durch ein Gatter hindurch, passieren wir einen rechts abzweigenden Weg. Vorbei an einigen großen Kammergräbern (9./8. Jh. v. Chr.), gelangen wir schließlich zum **Anaktoron**, dem sogenannten Königspalast des mythischen Königs Hyblos (3.10 Std.). Von dem megalithischen Bau, der sich über zwei Stockwerke erstreckte, sind heute allerdings nur noch die Grundmauern erhalten. Im Erdgeschoß befanden sich Lager- und Repräsentationsräume. In einem der hinteren Räume fand man Spuren von Bron-

Prähistorische Felshöhlen von Pantálica

zeverarbeitung, die auf die Herstellung von Waffen schließen lassen.

Vom Anaktoron reicht an klaren Tagen die Sicht über Sortino hinweg bis zum Gipfel des Ätna. Durch ein grünes Gatter erreichen wir mit wenigen Schritten den **Ausgangspunkt** unserer Wanderung (3.15 Std.).

Der Grand Canyon Siziliens

Die Cava Grande von Cassibile

Schroffe Felsabhänge und wildromantische Lichtungen, reizvolle Flora und vorgeschichtliche Höhlen begleiten uns durch die Schlucht Cava Grande. Drei idyllische Seen am Ende der Wanderung laden zu einem erfrischenden Bad ein.

DIE WANDERUNG IN KÜRZE

++
Anspruch

Charakter: Mittelschwere Rundwanderung über Feldwege und Felssteige, Schwindelfreiheit und Trittsicherheit erforderlich

4 Std.
Gehzeit

Ausrüstung: Fernglas, Badesachen, Trinkwasser

9 km
Länge

Wanderkarten: IGM Carta d'Italia 1:25 000, Blatt 277 IV NE (Cassibile); IGM Carta d'Italia 1:25 000, Blatt 277 IV NO (Noto Antica)

Einkehrmöglichkeiten: Trattoria und Bar Cava Grande, Tel. 09 31 81 12 20, Mo Ruhetag

Anfahrt: Mit dem Auto von Syrakus auf der S.S.115 bis Avola, von dort auf der S.P. 4 weiter bis nach Avola Antica. Ca. 3 km nach der Ortschaft zweigt rechts eine Asphaltstraße zur Bar Cava Grande ab (Parkmöglichkeit).

Von der **Bar** kehren wir zunächst auf der Asphaltstraße bis zur Kreuzung mit der S.P. 4 zurück und folgen dieser nach rechts. Nach einem guten Kilometer zweigt in der Contrada Il Turisco auf der rechten Seite ein nicht asphaltierter Fahrweg ab (30 Min.). Links von Bruchsteinmauern, rechts von Leitungsmasten begleitet, verläuft dieser in Richtung Schlucht. Nach einem Bauernhaus setzt sich der Weg deutlich sichtbar auf felsigem Untergrund fort. An den folgenden Abzweigungen vorbei, passieren wir in kurzer Folge zwei verlassene Häuser und eine zementierte Garage bei einigen unbenutzten Leitungsmasten. In diesem Bereich ist der Weg etwas undeutlich. Aber schon wenige Meter nach der Garage stoßen wir links auf einen in Stein gehauenen Pfad, der in Serpentinen zu einem Wehr hinunterführt. Zum ersten Mal haben wir jetzt den Blick auf den Fluß **Cassibile,** der sich, gesäumt von dichter Vegetation, eine tiefe Schlucht in die Kalkfelsen gegraben hat (1 Std.).

Vorbei an dem von der ENEL (staatliches Elektrizitätswerk) errichteten Wehr, folgen wir dem rechten Pfad, der kurz darauf in einen deutlichen Weg übergeht. Das Flußtal weitet sich zu einer wildromantischen Lichtung, die mit morgenländischen Platanen, prächtigen Oleanderbüschen, Weiden, Adlerfarnen und Weißdorn bewachsen ist. Der Weg verläuft jetzt in der Nähe des Flusses, der – je nach Jahres-

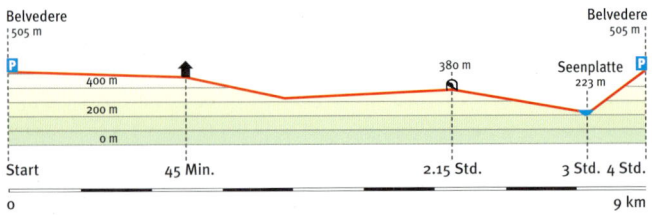

Die Seen unterhalb des Belvedere bieten im Sommer eine willkommene Abkühlung

zeit – Rinnsal oder reißender Strom sein kann. An einer Weggabelung (1.30 Std.), die wegen der wuchernden Vegetation schwer zu erkennen ist, halten wir uns links und stoßen gleich darauf auf eine Quelle, an der Frauenhaarfarn wächst. In der Antike wurde diese Pflanze sehr geschätzt, war man davon überzeugt,

daß sie den Haarwuchs fördere bzw. der Weißhaarigkeit vorbeuge.

Einen kleinen Abstecher hinunter zum Flußbett sollte man hier nicht versäumen. Das Wasser des Cassibile fällt über ausgewaschene Felswände in kleinen Kaskaden in einen tiefen Gumpen. Auf den Felsplateaus hat die erodierende Kraft des

Belvedere
505 m

400 m

200 m

0 m

380 m

Seenplatte
223 m

Belvedere
505 m

Start

45 Min.

2.15 Std.

3 Std. 4 Std.

0

9 km

Wassers viele kleine Becken geschaffen, in denen sich Frösche, Flußkrebse und manche Ringelnatter tummeln.

Zurück auf dem Hauptweg, folgen wir diesem weiter flußabwärts. Etwas ansteigend, wandern wir unterhalb von steil aufragenden Kalkwänden ungefähr 30 m über dem Flußniveau. Von hier oben hat man noch einmal einen sehr schönen Blick auf das vom Wasser umspülte Felsplateau.

An einer Kreuzung stößt von unten ein Weg hinzu. Hier folgen wir dem mittleren, etwas schmaleren Pfad, der sich jetzt durch zerklüftete Felswände schlängelt und immer wieder grandiose Ausblicke auf die dicht bewachsene Schlucht bietet. Neben Dohlen und Kolkraben lassen sich hier auch Turmfalken und Mäusebussarde beobachten, die in den steilen Felswänden ihre Nistplätze haben. Kurz nachdem der Fluß eine S-Kurve beschrieben hat, führt der zum Teil stark überwachsene Weg über einen Felsvorsprung. In der gegenüberliegenden Felswand liegen, unterhalb eines gewaltigen Felsüberhangs, umgeben von dichter Vegetation, die Überreste eines Dorfes.

Vorbei an einer Quelle, kommen wir an eine **Grotte,** die künstlich erweitert wurde (2.15 Std.). An vielen Stellen der Cava Grande finden sich Höhlen und Grotten, die zum Teil auf das 11.–9. Jh. v. Chr. zurückgehen

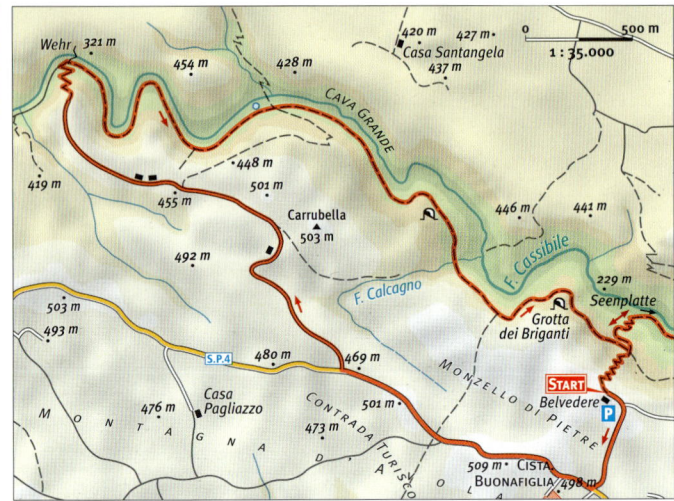

und bis weit in die Neuzeit in Benutzung waren. Der sikanischen Urbevölkerung dienten sie als Zufluchts-, aber auch als Begräbnisstätte. In den letzten Jahrzehnten wurden sie von Hirten als Ställe genutzt. In einigen der zahlreichen Felsgräber fand man bei Ausgrabungen überaus interessante Grabbeigaben und Keramik, die heute im Archäologischen Museum von Syrakus ausgestellt sind.

Zum ersten Mal taucht jetzt in der Ferne das Meer auf. In der gegenüberliegenden Felswand öffnet sich eine weitere Grotte, die sog. **Grotta dei Briganti,** in der man Reste einer weitverzweigten Dorfanlage fand. Später sollen hier Briganten gehaust haben, was ihr den heutigen Namen einbrachte. Die Schätze, die sie dort versteckt haben sollen, konnten aber bis heute nicht gefunden werden.

An der nächsten Kreuzung folgen wir dem linken Weg, der uns zu drei idyllisch gelegenen Seen unterhalb des Belvedere führt – ein beliebtes Ausflugsziel, das vor allem an den Wochenenden von der örtlichen Jugend besucht wird. Eingebettet in ein Wäldchen aus Platanen, Pappeln und Oleanderbüschen, schimmert das Wasser in verschiedenen Blau- und Grüntönen. Am Ufer angekommen, folgen wir einem schmalen Pfad nach rechts, der uns über Stufen zu den Seen mit ihren terrassenförmigen Ufern bringt. Gerade an warmen Tagen bietet das kristallklare Wasser eine willkommene Abkühlung (3 Std.).

Erfrischt kehren wir bis zur erwähnten Kreuzung zurück und folgen dem mittleren Weg, der in Stufen nach oben zum **Belvedere** führt. Auf der Terrasse angekommen, genießt man noch einmal einen schönen Blick in die Schlucht von Cassibile und auf die Städte Syrakus und Rosolini (4 Std.).

Von Vögeln und Fischen

Unterwegs im Naturschutzgebiet von Vendicari

Das Feuchtgebiet von Vendicari ist heute ein Vogelparadies. Eingebettet in duftende Macchia-Vegetation liegen drei Sümpfe, die für unzählige Vögel einen idealen Lebensraum darstellen. Von verborgenen Unterständen aus lassen sie sich ungestört beobachten.

DIE WANDERUNG IN KÜRZE

+
Anspruch

Charakter: Leichte, aber schattenlose Wanderung über Pfade, Feld- und Strandwege; ideal für Kinder

5 Std.
Gehzeit

Ausrüstung: Badesachen, Fernglas, Proviant

17 km
Länge

Wanderkarte: Karte der Azienda Foreste Demaniali della Regione Siciliana – Ispettorato Ripartimentale delle Foreste di Siracusa: Riserva Naturale Orientata – Vendicari, 1:15 000, am Eingang erhältlich

Einkehrmöglichkeiten: Keine

Anfahrt: Mit dem Auto ab Noto in Richtung Noto Marina, dann in Richtung Pachino fahren, bis auf der linken Seite eine ausgeschilderte Straße zum Naturschutzgebiet von Vendicari abzweigt. Nach ca. 1 km erreicht man den Eingang (Parkmöglichkeit). **Interbus-Busse** (Tel. 093 16 67 10) halten auf der Strecke Noto–Pachino an der Abzweigung nach Vendicari.

Ausgangspunkt für unsere Wanderung ist der **Haupteingang zum Naturschutzgebiet von Vendicari.** Von hier führt ein kurzer Weg über einen Holzsteg zum Meer hinunter. Linker Hand sehen wir den **Pantano Grande,** der früher als Saline diente, aber nach der schweren Überschwemmung von 1951 aufgegeben wurde. Am Meer angelangt, wenden wir uns zunächst nach links, wo ein Weg oberhalb der Küste verläuft. Vor uns liegt ein im 15. Jh. errichteter Wachturm, der die Küste vor Seeräuberüberfällen schützen sollte. Bereits die Phönizier hatten hier eine Anlegestelle eingerichtet, die, als Noto im 14. Jh. das Recht erhielt, Korn zu exportieren, zu einem wichtigen Hafen ausgebaut wurde. Beherrscht aber wird der Küstenstreifen von der einstigen **Tonnara** mit ihren aufragenden Schornsteinen. Jedes Jahr wurde hier von Mai bis September der gefangene Thunfisch verarbeitet und eingedost, bis der Zweite Weltkrieg dem ein Ende setzte.

Vorbei an verfallenen Fischerhäusern, kommen wir zu einem Felsvorsprung, der zeigt, wie man hier schon zur Zeit der Griechen der Fischverarbeitung nachging. In Felswannen wurden überschüssige Fische, vor allem Thunfisch und

Strandspaziergang ...

Makrelen, in Salz eingelegt. Sie dienten aber auch zur Herstellung des sehr begehrten *garum,* einer Art Soße, die später auch die Römer sehr schätzten. Hierzu ließ man die Fischeingeweide zusammen mit anderen Kleinfischen zwei bis drei Monate im Salzwasser gären. Danach wurde die Flüssigkeit durch ein Sieb vom Satz getrennt und mit verschiedenen Gewürzen versetzt. Das *garum* war in der Antike so verbreitet, daß es in fast allen überlieferten Rezepten erwähnt wird.

Auf der linken Seite sehen wir jetzt den **Pantano Piccolo,** der einst als Fischteich diente (30 Min.). Vor

allem an Weihnachten wurden hier die begehrten Aale gefischt. Vor uns breitet sich eine duftende Macchia-Vegetation aus: Mastix- und Myrthesträucher, Zwergpalmen, kugelige Büsche Kopfigen Thymians und Dorniger Bibernelle. Aber hier finden wir auch den Strauchigen Garmander *(Teucrium frucicans)* und die Strauchnessel *(Prasium majus),* im Herbst kann man zwischen den Büschen auch die Herbst-Alraune *(Mandragora autumnalis)* entdecken.

Der leicht ansteigende Weg verläuft hier auf den Spuren einer alten Straße, der Via Elorina, die bereits in

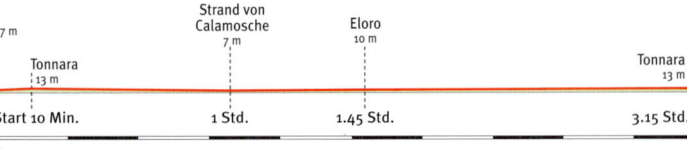

der Antike Eloro mit Syrakus verband. An manchen Stellen kann man im Gestein noch die Wagenspuren erkennen. Vorbei an der wildzerklüfteten Küste, gelangen wir nach einem kurzen Abstieg zum wunderschönen **Sandstrand von Calamosche** (1 Std.). Weiter durch eine wild wuchernde Macchia-Landschaft, vorbei an einem alten Steinbruch, öffnet sich vor uns die Mündung des Tellaro, die man, je nach Jahreszeit, überqueren kann. Auf dem gegenüberliegenden Hochplateau liegt die **antike Stadt Eloro,** die Ende des 8. Jh. v. Chr. von Syrakus als südlicher Vorposten gegründet wurde. Bisher hat man hier Wohnquartiere, ein griechisches Theater und Reste eines Demeter- und Koreheiligtums freigelegt.

Wieder zurück an der **Tonnara,** können wir uns jetzt der Südseite von Vendicari zuwenden – vor allem für Vogelfreunde eine Augenweide (3.15 Std.). Zunächst folgen wir ein Stück der Küste, an der wir immer wieder auf kleine, faserige Bälle treffen, die sogenannten Neptunsbälle. Es handelt sich hierbei um Fasern einer Wasserpflanze *(Posidonia oceanica),* die – von der Brandung abgerissen – am Ufer vom Wind zu Bällen zusammengerollt werden. Sie sind ein wichtiger Indikator für ein gesundes Ökosystem.

Wir wenden uns dann nach rechts und treffen, vorbei an einer ausgedehnten Macchia aus Wacholder-

sträuchern, auf die erste Beobachtungshütte. Rund um die Sümpfe aufgestellt, dienen sie dazu, unbemerkt Vögel zu beobachten. Die beste Tageszeit hierfür ist der frühe Morgen oder der späte Nachmittag.

Über 200 Vogelarten hat man in Vendicari bisher beobachten können. Das Naturschutzgebiet ist nicht nur ein wichtiger Nistplatz, sondern auch Haltepunkt für viele Zugvögel. Von Ende August bis in den Herbst hinein kann man am **Pantano Roveto** große Stelzvögel beobachten, wie Graureiher, Seidenreiher, Weißen Löffler und manchmal auch Flamingos, während sich in den seichten und sumpfigen Gewässern unter anderem Seeregenpfeifer, Zwergstrandläufer, Sichelstrandläufer, Rot- und Grünschenkel tummeln. Von November bis März, wenn das Wasser stärker ansteigt, bevölkern neben Kormoranen und Möwen vor allem Wasserhühner und Enten das Gebiet, darunter auch die Brandente, das Wahrzeichen des Naturschutzgebietes Vendicari. Im Frühjahr (März–Mai) kann man mit etwas Glück dem großem Abflug der Zugvögel gen Norden beiwohnen.

Immer entlang des Pantano Roveto, stoßen wir an eine Abzweigung, an der wir uns rechts halten (4 Std.). Auf leicht ansteigendem Weg erreichen wir die **Cittadella dei Maccari,** eine byzantinische Ansiedlung aus dem 6.–7. Jh. Von dieser sind allerdings nur eine Nekropole und eine Kirche

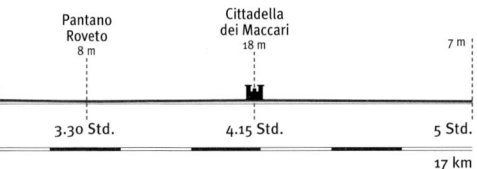

Pantano Roveto 8 m	Cittadella dei Maccari 18 m	7 m
3.30 Std.	4.15 Std.	5 Std.

17 km

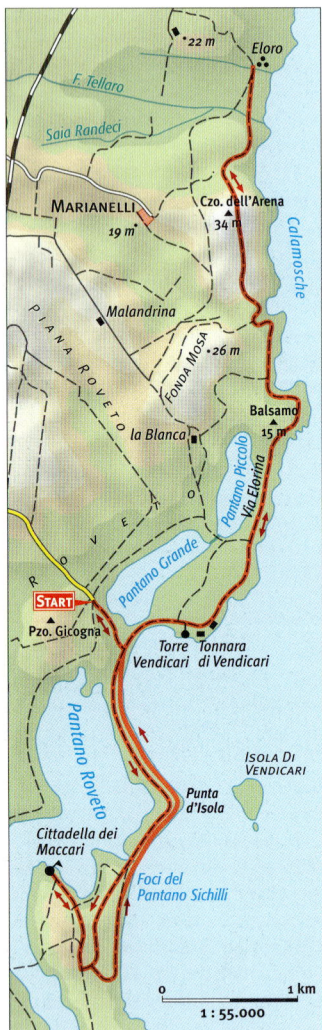

Isola di Vendicari schwimmen. Ein Schnorchelgang lohnt vor allem im bis zu 10 m tiefen Wasser bei der Tonnara.

Von Mönchsgrasmücke bis Sumpfmeise – die Vogelwelt Siziliens

Sehr artenreich ist die Vogelwelt auf Sizilien. Als Zwischenstation auf den großen Zugvogelrouten von Afrika nach Nordeuropa machen hier jährlich Millionen von Vögeln halt.

Zu den endemischen Vogelarten gehören die Sizilianische Schwanzmeise *(Aegithalos caudatus siculus)*, die vornehmlich in Laubwäldern nistet, und die Sizilianische Sumpfmeise *(Parus palustris siculus)*. Ideale Vorausetzungen zur Vogelbeobachtung bietet das Schutzgebiet von Vendicari, in dem man mit etwas Glück und Geduld Sumpfvögel und Flamingos beobachten kann.

In den Wäldern kann man die lautlos dahinfliegenden Waldschnepfen beobachten oder dem melodiösen Gesang des Gartenrotschwanzes und der Mönchsgrasmücke lauschen. In Macchia-Gebieten hingegen begegnet man Grünfinken, Lerchen, Wachteln und Zaunammern.

Ein besonderes, aber seltenes Erlebnis bieten Raubvögel, die auf der Suche nach Beute ihre Kreise am Himmel ziehen. Im Gebirge oder in den Kalkschluchten der Iblei sieht man Turmfalken, Mäusebussarde oder die pfeilschnellen Wanderfalken. Steinadler und der äußerst seltene Bonelli-Adler nisten heute in unzugänglichen Felsabhängen. Auch die nachtaktiven Eulen und Käuze, deren langgezogene Rufe oft die nächtliche Stille erfüllen, leben an entlegenen Stellen.

mit drei Apsiden und einer noch intakten Kuppel erhalten geblieben.

Von hier gehen wir zunächst zur Abzweigung zurück, dann ohne deutlichen Weg zum Meer hinunter und folgen dem **Sandstrand** zurück zum **Eingang** (5 Std.). Wer möchte, kann von hier aus auch zur nahen

Kleiner Sprachführer

l'abbazia	Abtei	la masseria	Bauernhof
l'abbeveratoio	Tränke	il mercato	Markt
azienda	Landhaus oder	la montagna	Gebirge
agrituristica	Gutshof mit Über-	il monte	Berg
	nachtungsmög-	la mulattiera	Maultierpfad
	lichkeit	il mulino	Mühle
la badìa	Abtei	l'ovile	Pferch, Schafstall
il baglio (von	bäuerliche An-	il paese	Land, Ort
arab. *bahal:*	siedlung, bei der	la palude	Sumpf
ummauerter	mehrere Häuser	la pianura	Ebene
Innenhof)	einen Innenhof	la pineta	Pinien- und Kie-
	umschließen. Ein		fernwald
	Torbogen bildet	il pizzo	Spitze
	den Zugang	il ponte	Brücke
bagni (pl.)	Bad, Thermen	la portella	Paßhöhe
il bivio	Weggabelung	il pozzo	Brunnen
il bosco	Wald	il prato	Wiese
la cala	Bucht	il pulpito	Kanzel
il campo	Acker, Feld	il rifugio	Schutzhütte
il capanno	(Vogel)Beobach-	la riserva	Schutzgebiet
d'osservazione	tungshütte	la rovina	Ruine
la casa	Haus	il rudere	Ruine
la caserma	Forstwache	il santuario	Wallfahrtskirche
forestale		scavi (pl.)	Ausgrabungen,
la cascata	Wasserfall		archäologische
la cava	Steinbruch, im si-		Stätte
	zilianischen auch	la sella	Sattel
	Schlucht	il sentiero	Weg
la chiesa	Kirche	la serra	Bergkette
la colata lavica	Lavastrom	la spiaggia	Strand
il colle	Hügel, Paß	la strada	Landstraße
la contrada	Gebiet, Viertel	provinciale (S.P.)	
l'eremo	Einsiedelei	la strada statale	Staatsstraße
la foce	Mündung	(S.S.)	
il fiume	Fluß	lo stretto	Meerenge
la fontana	Quelle, Brunnen	la tonnara	Thunfischfang-
la foresta	Wald		stelle
la gola	Schlucht	la torre	Turm
l'incrocio	Kreuzung	il torrente	Wildbach, Sturz-
l'isola	Insel		bach, im Sommer
il lago	See		trocken
il mare	Meer	la valle	Tal

Unterkünfte

Die Preise beziehen sich auf eine Übernachtung für zwei Personen im Doppelzimmer ohne Frühstück:
preiswert: bis 55 €
moderat: 55 bis 90 €
teuer: über 90 €

Tour 2-3 *Agriturismo Trinità,* Via Trinità 34, Mascalucia, Tel./Fax 09 57 27 21 56 od. 34 86 52 18 87, Herrenhaus mit Apartments in den ehemaligen Wirtschaftsgebäuden, mit Schwimmbad, moderat

Tour 4-6: ****Parco dell'Etna,* Bronte, Ortsteil Borgonovo, Tel. 095 69 19 07, Fax 095 69 26 78, gepflegtes Hotel am Rande vom Bronte, gute Küche, Pool, preiswert

Tour 11-12: *Agriturismo Casa Migliaca,* Pettineo, Tel. 09 21 33 67 22, Fax 09 21 39 11 07, www.casamigliaca.com, Landgut aus dem 17. Jh., nur HP, moderat

Tour 7, 13: *La Casa del Baco,* Galati Mamertino, Tel. 09 41 43 49 51, Apartements mit Küche und Bad, preiswert. Daneben liegt eine der besten Osterie Siziliens: *Antica Filanda,* Mi geschl., Tel. 09 41 43 47 15

Tour 14: ****Riva del Sole,* Lungomare Colombo 25, Cefalù, Tel. 09 21 42 12 30, Fax 09 21 42 19 84, moderat, weitere Hotels im Stadtteil Caldura. Herzhafte Madonienküche gibt es im *La Brace*, Via XXV. Novembre 10, Mo geschl., Tel. 092 12 35 70.

Tour 16-18: *Foresteria del Museo Mam,* Piazza Castello, Polizzi Generosa, Tel. 09 21 64 90 93, Handy 32 92 25 00 48, Fax 09 21 55 10 09, moderat; *Albergo Madonie,* Corso Paolo Agliata 83, Petralia Sottana, Tel./Fax 09 21 64 11 06, moderat

Tour 19-21: *Azienda Agrituristica Gorgo Del Drago,* Godrano, Tel./Fax 09 18 20 80 00, nur HP, moderat; ****Hotel Belvedere,* Corleone, Tel./Fax 09 18 46 40 00. gepflegte Zimmer mit Balkon, Pool im Bau, moderat.

Tour 25, 27: *Albergo-Ristorante La Tavernetta,* Via A. Diaz 3, Scopello, Tel./Fax 09 24 54 11 29, familiär geführtes Hotel, moderat. Die *Bar La Capreria,* Via Marco Polo, bereitet Wanderproviant mit sizilian. Spezialitäten zu.

Tour 28-30: ***Riva del Sole,* Via Generale Arimondi 11, San Vito Lo Capo, Tel./Fax 09 23 97 26 29 od. 97 26 21, März-Okt. geöffnet, moderat

Tour 32: *Al Canisello,* Via Pavese 1, Noto, Tel. 09 31 83 57 93, www.villacanisello.it, Gutshaus, moderat

Tour 33: *Agriturismo Pantálica Ranch,* S.P.28 Solarino-Fusco-Sortino bei km 8.900, Tel./Fax 09 31 94 20 69, Handy 360 29 42 90 od. 368 68 01 81, www.pantalicaranch.it, vor wenigen Jahren eröffnet, preiswert

Tour 35: *Azienda Agrituristica Il Roveto,* an der S.P. 19 bei Vendicari, Tel. 093 16 60 24 od. 330 79 52 59, Fax 093 13 69 46. Herrenhaus aus dem 18. Jh. mit Apartements, moderat

Berghütten, Zwei- oder Mehrbettzimmer und Verpflegung, alle preiswert:

Tour 1: *Rifugio Ragabo,* Piano Provenzana, Tel. 095 64 78-41 od. -37

Tour 15: *Rifugio F. Crispi,* Piano Sempria, Tel. 09 21 67 22 79

Tour 19: *Rifugio Alpe Cucco,* Tel./Fax 09 18 20 82 25

Tour 21: *Rifugio Val dei Conti,* Tel./Fax 09 18 46 41 14

Register

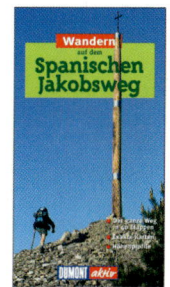

»DUMONT macht mobil!
DUMONT aktiv heißt die neue Reise-
führerreihe des DUMONT Buchverlags
für Wanderfreunde. Ob Schwarzwald,
Dolomiten, Irland oder die Pyrenäen,
die Reiseführer im handlichen Format
geben nützliche Informationen über
Wandersaison, Ausrüstung sowie
interessante Naturerscheinungen
entlang der vorgeschlagenen Routen.
Farbige Höhenprofile zu jeder Wanderung lassen sofort erkennen, wie an-
spruchsvoll der Weg ist und wieviel
Zeit man dafür einplanen muß.«
Augsburger Allgemeine

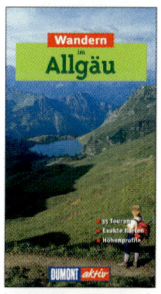

»Sie passen in jede Rucksackseiten-
oder Anoraktasche. Die kompakte
Form geht jedoch nicht zu Lasten der
Beschreibungen. Jede Route wird mit
allem geschildert, was wichtig ist: der
Wanderzeit, der Weglänge, dem Rou-
ten-Charakter bis hin zu Sehenswür-
digkeiten und Einkehrmöglichkeiten
am Wege.« *Welt am Sonntag*

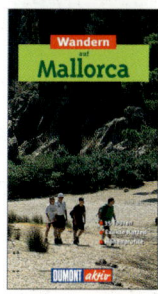

Zahlreiche Farbfotos machen Appetit
auf das Naturerlebnis und wecken die
Vorfreude.

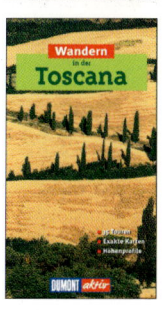

Weitere Informationen über die Titel der Reihe DUMONT aktiv erhalten Sie
bei Ihrem Buchhändler oder beim DUMONT Reiseverlag • Postfach 10 10 45 • 50450 Köln
Besuchen Sie uns im Internet: www.dumontreise.de

Abbildungsnachweis

Caterina Mesina/Nikolaus Groß (Rom)   Vignette, S. 20, 24/25, 29, 31, 36/37, 40, 48, 50, 52, 58, 64, 66/67, 74, 76, 80, 86, 89, 94, 98, 100, 102, 112, 116, 120, 124, 126, 130/131, 134

Rainer Hackenberg (Köln)   S. 12, 14, 122, 137
Herbert Hartmann (München)   Titelbild, S. 6, 8/9, 104, 128
Thomas Stankiewicz (München)   S. 54
Martin Thomas (Aachen)   S. 10, 108/109
Karten und Höhenprofile: Berndtson & Berndtson Productions GmbH, Fürstenfeldbruck © DuMont Buchverlag, Köln

Viele haben bei der Entstehung dieses Buches mitgewirkt. Wir danken den Freunden und passionierten Wanderern: Girolamo Lombardo und Nicoletta Cassata (A.A.P.I.T. Palermo), Paolo Uccello (Ente Fauna Siciliana), den Mitarbeitern des Parco dei Nébrodi und des Parco delle Madonie und Werner Schumacher.

Impressum

Titelbild: Wanderung am Tempel von Segesta

Über die Autoren: Caterina Mesina und Nikolaus Groß, beide 1964 geboren, studierten Geschichte und Germanistik bzw. Klassische Archäologie und Geologie und leben heute in Italien. Als Studienreiseleiter durchwandern sie seit Jahren Sizilien. Im DuMont Reiseverlag ist von ihnen bisher das Reise-Taschenbuch Sizilien erschienen.

Graphisches Konzept: Groschwitz, Hamburg
2., aktualisierte Auflage 2002
© DuMont Reiseverlag, Köln
Alle Rechte vorbehalten
Druck: Rasch, Bramsche
Buchbinderische Verarbeitung: Bramscher Buchbinder Betriebe

ISBN 3-7701-3742-6